통합 사회를
잡아라
2

통합 사회를 잡아라 2

2018년 3월 24일 1판 1쇄
2021년 3월 31일 1판 3쇄

지은이 조지욱, 조승연, 정명섭, 이효건, 송훈섭, 김승우, 강혜원, 강은경, 강봉균
그린이 김혜령

편집 정은숙, 박주혜   **디자인** 스튜디오 헤이,덕   **마케팅** 이병규, 양현범, 이장열   **제작** 박흥기   **홍보** 조민희, 강효원
인쇄 천일문화사   **제본** J&D바인텍

펴낸이 강맑실   **펴낸곳** (주)사계절출판사   **등록** 제406-2003-034호
주소 (우)10881 경기도 파주시 회동길 252
전화 031)955-8558, 8588   **전송** 마케팅부 031)955-8595 편집부 031)955-8596
홈페이지 www.sakyejul.net   **전자우편** skj@sakyejul.com
트위터 twitter.com/sakyejul   **페이스북** facebook.com/sakyejul
블로그 skjmail.blog.me
사진 뉴스토마토 이우찬, 셔터스톡, 오마이뉴스 박장식, 연합뉴스, 월드비전, 위키피디아, 이제석광고연구소, 조혜련·박주연

© 조지욱, 조승연, 정명섭, 이효건, 송훈섭, 김승우, 강혜원, 강은경, 강봉균 2018

ISBN 979-11-6094-342-9 44300
ISBN 979-11-6094-340-5 (전2권)

통합적 관점으로 인간과 사회를 탐구하다

통합 사회를 잡아라

2
사회 정의와
미래를 위한 숙제

조지욱　이효건　강혜원
조승연　송훈섭　강은경
정명섭　김승우　강봉균
지음

사□계절

서문

요즘 학교에서는 교사들에게 앞으로 수업 시간에 일일이 가르치지 말라고 합니다. 이게 무슨 소리인지, 교사한테 가르치지 말라니……. 그런데 그 말에는 이런 뜻이 숨어 있습니다. 학생들이 직접 활동하면서 지식을 체득하게 하라는 것이죠.

그러면 교사 입장에서는 바뀌는 교과 과정이 어떨까요? 학생들이 수업 시간에 스스로 활동을 한다고 해서 교사의 수업이 사라질까요? 그건 아닐 겁니다. 학생들이 자기 주도적인 활동을 하기 위해서는 기초 지식이 있어야 합니다. 예를 들어, 내가 사는 지역의 약도를 그려 보라는 간단한 활동을 하게 하더라도 그에 앞서 지역이 무엇인지, 약도란 무엇인지도 가르쳐야 합니다.

그러니 교사가 가르치지 말라는 말은 수업은 수업대로 하고 덧붙여 학생들이 활동까지 할 수 있게끔 만들라는 것입니다. 앞으로 교사들의 고생이 더하면 더했지 덜어지지는 않을 겁니다.

우리나라 학교 교육에서는 국가 교육 과정을 토대로 수업을 하기 때문에 사실 교사가 무엇을 가르칠지 정할 수 없습니다. 따라서 어떻게 가르칠 것인가가 교사들의 고민이었지요. 이제 활동 중심으로 수업을 하라고 하지만 그 또한 온전히 교사 개개인의 고유 영역은 아닙니다.

학교 교육에서 또 하나의 큰 변화가 있습니다. 그것은 통합 교육 과정입니다. 통합 교육? 이걸 어떻게 설명해야 할까요? 통합이란 무엇인가 서로 다른 것을 합쳐서 하나로 만든다는 뜻이죠, 마치 용광로에 이것저것을 넣고 다 녹여서 하나의 쇳덩어리를 만드는 것처럼 말입니다. 옛날에도 이런 시도는 있었습니다.

예를 들어, '공통 사회'라는 이름으로 서로 다른 교과를 합쳤습니다. 그런데 이때는 일반사회와 지리를 50 : 50의 비율로 합친 것이었죠. 그러니 이것은 통합이 아니라 그냥 하나의 책으로 만들기 위해 물리적으로 결합한 것에 불과했습니다. 말만 공통이었지 일반사회 부분은 일반사회 선생님이, 지리 부분은 지리 선생님이 수업을 했습니다.

그래서 교사들이나 학생들에게 학교 수업의 변화로는 느껴지지 않았습니다. 그러나 이제는 다릅니다. 통합 교육 과정은 윤리와 일반사회, 지리의 물리적 결합이 아니라 화학적 결합입니다. 따라서 예전처럼 전공과목별로 가르치는 것이 어려워졌습니다. 물론, 학교 사정에 따라서 통합 교육 과정도 큰 주제를 중심으로 교과별 수업을 할 수 있습니다. 하지만 그것은 통합이라는 새로운 학습 내용을 만든 의도에 부합하는 일은 아닙니다.

사실 어떤 교사도 이 모든 교과를 섭렵하고 있지 못할 겁니다. 그렇지만 이제 학생들은 통합적으로 지식을 습득하는 것이 맞습니다. 왜냐하면 지식은 원래 통합의 모습으로 존재하고 있었으니까요. 오히려 그것을 과거의 교육자들이 쪼개고 나눠 전공이라는 이름으로 지금의 교사들에게 가르쳤던 것이죠.

활동 중심 수업 그리고 통합 교육 과정이 앞으로 오랜 기간 학교 수업을 이끌 것입니다. 2018년부터 시작되는 통합과 활동의 수업, 이런 취지에서 생겨난 과목이 바로 통합 사회입니다. 대학 수학 능력 시험의 필수 과목이 될 것이라는 추측까지 낳고 있는 중요한 과목이죠.

하지만 현재 사회과 교사들은 사회 교육과, 역사 교육과, 윤리 교육과, 지리 교육과를 나온 사람들입니다. 따라서 통합으로 사회과 전 영역을 공부하지 않았습니다. 그러니 통합 교육 과정이 아무리 그 취지가 좋다고 해도 이를 실천할 수 있는 교사가 현실에는 거의 없는 것이죠.

그래서 교사와 학생들에게 도움이 되는 새로운 개념서이자 교양서로서 '통합 사회' 책을 만들어야겠다고 생각했습니다. 호모 에렉투스가 사라지고 호모 사피엔스가 출현했듯이 현재까지 없던 과목이 생겨났으니까요. 물론, 필요성과 함께 정말 이런 책을 잘 만들 수 있을까 하는 걱정도 들었습니다.

먼저, 어떤 선생님들로 집필진을 꾸릴지가 고민이었습니다. 통합 사회 내용을 보면 크게 일반사회 40%, 지리 40%, 윤리 20% 정도의 비중으로 보였습니다. 물론, 역사도 있지만 그 비중이 작고 하나의 단원보다는 다른 교과 내용에 뒤섞여 들어가 있기 때문에, 고민 끝에 일반사회 선생님 두 분, 윤리 선생님 세 분, 지리 선생님 세 분으로 집필진을 꾸렸습니다.

이번 집필진에는 2015 교육 과정의 통합 사회 교과서 집필 경험이 있는 분들이 많이 참여했습니다. 또 교육방송에서 강의하시는 분, 교육방송이나 기타 출판사에서 참고서를 집필하시는 분, 또 청소년 교양서를 내신 분도 참여했습니다.

집필진이 정해진 다음에는 집필과 검토 회의를 수차례 거듭하며 원고를 완성해 갔습니다. 이 과정은 예상보다 힘겹게 진행되었습니다. 아침에 시작한 회의가 자정을 넘기기 일쑤였죠. 그러나 모든 선생님들이 그 지난한 시간들을 잘 참고 견뎌 내신 끝에 14개월이란 시간을 지나 책이 나오게 되었습니다. 집필진 모두는 이런 책이 세상에 나오기를 바라는 많은 선생님과 학생들이 있을 것이라는 확신으로 온 힘을 쏟을 수 있었습니다. 이제 전국의 모든 사회과 선생님과 학생들이 통합 사회라는 새 교과를 가르치고 배울 때『통합 사회를 잡아라』가 조금이라도 도움이 되었으면 좋겠습니다.

이 책『통합 사회를 잡아라』는 다음과 같이 만들어졌습니다.

첫째, 주제 중심으로 통합된 책입니다. 서로 단절된 교과 영역의 지식을 기계적으로 나열하는 것이 아니라 각 교과의 벽을 넘어 질문(주제)을 던지고 그것을 통해 일상의 삶과 사회, 세상을 이해할 수 있도록 만들었습니다. 그것은 '통합 사회'라는 교과 과정이 목표로 하는 바와도 같을 것입니다. 그래서 이 책은 통합 사회, 그리고 중학교 사회(역사 포함)/도덕 교과(군) 및 고등학교 사회과 선택 과목까지 넘나들 수 있는 주제들로 구성되었습니다. 이 책을 통해 '삶의 이해와 환경', '인간과 공동체', '사회 변화와 공존'이라는 큰 영역 안에서 행복, 자연환경, 생활 공간, 인권, 시장, 정의, 문화, 세계화, 지속 가능한 삶 등의 주요 핵심 개념을 자연스럽게 이해할 수 있을 것입니다.

둘째, 자기 주도 학습을 돕는 책입니다. 선생님조차 쉽지 않은 과목이지만 이 책은 혼자서도 공부할 수 있도록 구성했습니다. 이를 위해 각 단원의 큰 주제들을 세밀하게 나누어 기초가 되는 내용부터 사고를 확장하는 데

징검돌이 될 만한 내용까지 충실히 담았습니다.

셋째, 다양한 관점에서 사회 현상을 바라보게 하는 책입니다. 지금 세계는 보편성과 상대성, 전통문화와 미래 사회 간의 큰 격차로 소용돌이치고 있습니다. 복잡한 이 세상에서 보고 싶은 것만 보거나, 하나의 시각으로만 보려 한다면 결국 잘못된 생각과 선택으로 이어질 것입니다. 이 책에서 세계의 다양한 문제들과 관점들을 만나고 현대 사회를 지혜롭게 살아갈 힘을 얻기 바랍니다.

집필진을 대표하여

조지욱 씀

차례

정의로운 사회를 위해 우리가 알아야 할 것들 _014
- 사회 정의와 불평등

7 알록달록 무지갯빛! 문화 속의 삶, 삶 속의 문화 _056
- 문화와 다양성

더 가까워진 지구에서 함께 살아가는 법 _121

- 세계화의 양상과 문제

미래 사회를 위한 숙제들 _182
- 미래와 지속 가능한 삶

6 정의로운 사회를 위해 우리가 알아야 할 것들

사회 정의와 불평등

- ◆ 정의란 무엇일까?
- ◆ 어떤 사회가 정의로운 사회일까?
- ◆ 자유주의와 공동체주의는 정의를 어떻게 바라볼까?
- ◆ 사익과 공익은 조화를 이룰 수 있을까?
- ◆ 사회 불평등 현상이란 무엇일까?
- ◆ 정의로운 사회를 만들려면 무엇이 필요할까?

정치 철학자 존 롤스는 사회가 갖추어야 할 최고의 덕목은 정의라고 했습니다. 정의로운 사회가 될 때 이해 갈등을 공정하게 처리할 수 있고, 개인과 사회가 추구하는 목표를 이룰 수 있으며, 인간다운 삶을 꾸려 나갈 수 있습니다. 정의로운 사회는 기회를 균등하게 주고, 재화나 가치를 공정한 절차에 따라 분배하며, 인간다운 삶의 조건을 보장하는 사회입니다.

이 장에서는 정의의 의미와 필요성, 정의의 실질적인 기준을 살펴보고, 자유주의적 정의관과 공동체주의적 정의관의 특징, 그리고 이것을 실생활에 적용하는 것을 이해합니다. 또한 사회 및 공간 불평등 현상을 해결하려면 어떤 노력을 기울여야 할지 탐구해 봅니다.

1.
정의란 무엇일까?

　정의만큼 오랫동안 사람들의 관심을 받아 온 것도 드물 것이다. 개인의 삶에서든 사회에서든 무엇이 옳고 무엇이 그른지를 판단해야 하는 상황이 자주 발생한다. 이때 정의는 문제를 풀어 가는 기준이자 갈등을 해소하는 실마리가 된다.

　성경에 이런 이야기가 나온다. 두 여자가 한 아기를 놓고 서로 자기 아들이라며 솔로몬에게 판결을 요청한다. 과연 누구의 말이 진실이고 어느 편의 손을 들어 주어야 정의로운 것일까? 이에 솔로몬은 그 아기를 둘로 나누어 절반씩 주라고 명령한다. 그러자 아기를 죽게 내버려 둘 수 없었던 진짜 어머니가 양보하는 것을 보고 솔로몬은 누구 말이 옳은지 알아차려 정의로운 판결을 내릴 수 있었다.

　동양에서 정의(正義)라는 말은 바름을 뜻하는 정(正)과 옳음을 뜻하는 의(義)로 이루어져 있다. 여기서 의는 양(羊)과 나(我)가 합쳐진 말로, 신에게 자신의 죄를 대신할 양을 바친 데서 유래했다고 한다. '죄를 지으면 대가를 치르는 것이 올바르다.'는 뜻이 담긴 셈이다.

　한편 서양에서 정의(justice)라는 말은 그리스 신화에 나오는 정의의 여신 디케를 뜻하는 라틴어 유스티치아(Justitia)에서 유래했다. 시대와 나라마다 조금씩 차이는 있지만, 보통 정의의 여신상은 공평함을 상징하는 저울이나 정의를 실현할 힘을 상징하는 칼을 든 모습을 하고 있다. 그리고 대상이나 상황에 따라 다른 잣대를 내세우지 않는다는 뜻으로 눈을 가린 모습으로 그려지기도 한다. 우리나라 대법원에 세워진 정의의 여신상은 눈을 가리지 않고 한 손에는 저울을, 다른 손에는 법전을 들고 있다. 이는 법전을 잘 살펴서 공정하게 판결하라는 뜻을 담은 것이라고 한다. 이처럼 정의는 기본적으로 올바름, 공정함, 공평함 같은 의미를 포함하고 있다.

우리나라 대법원에 있는 정의의 여신상

인간은 사회적 동물이기 때문에 우리 사회는 늘 함께 살아가는 방법을 고민한다. 그러나 인간의 욕망은 무한한 데 비해 사회적 재화는 유한하기 때문에 이를 분배하는 데서 갈등이나 다툼이 일어나게 된다. 분배는 인간의 삶의 질에 큰 영향을 끼치기 때문에 현대 사회에서 '분배적 정의'는 중요한 화두가 되고 있다.

분배적 정의란 마땅히 받아야 할 사람이 받아야 할 몫만큼 받아야 정의롭다는 것이다. '각자에게 각자의 몫을' 공정하게 나누어 주는 것이며 '같은 것은 같게, 다른 것은 다르게' 나누는 것이다. 누구에게 얼마나 줄 것인지 기준을 잘 세워서 분배적 정의가 실현되면 사회적 갈등이나 다툼을 해결하는 데도 도움이 된다.

2.
고대 사상가들은 정의를
어떻게 보았을까?

시대의 흐름에 따라 인간은 경제, 문화, 과학 기술 등 여러 분야에 걸쳐 놀라운 발전을 이루었다. 그러나 인간이 살아가면서 맞닥뜨리게 되는 상황이나 고민, 추구하는 것들은 옛사람이나 현대인이나 별로 다르지 않다. 고대의 사상가들은 개인과 사회, 국가에서 일어나는 현상에 주목하면서 그 원인이 무엇이고 또 어떻게 하면 더 나아질 수 있을지 끊임없이 성찰했다. 그래서 그들의 깊은 통찰력은 오늘날까지 우리 삶에 영감과 교훈을 주고 있다. 그러면 고대 동서양의 사상가들은 정의를 어떻게 생각했는지 살펴보자.

소크라테스는 '정의가 강자의 이익'일 뿐이라고 주장하는 트라시마코스에게 그 말이 맞는지 검토해 보자면서 대화를 주고받는다. 소크라테스는 정의가 이익이 된다는 점은 인정하지만 강자의 이익만은 아니라고 한다. "의술은 의사 자신에게 이익이 될 뿐만 아니라 환자의 건강을 이롭게 하고, 선장의 항해술은 자신뿐 아니라 선원들의 안전에 도움을 줍니다. 마찬가지로 통치자가 만든 법 역시 백성에게도 이로울 수 있지 않습니까?"라고 되묻는다. 여기에서 소크라테스는 정의가 무엇인지 결론짓거나 자신의 정의론을 펼치지는 않는다. 그렇지만 정의는 강자의 이익이라는 트라시마

코스의 주장에 찬성하지 않는다는 것은 알 수 있다.

플라톤은 사람마다 자기 자신의 일을 잘 해내는 것이 정의라고 보았다. 우리 신체에서 눈은 잘 보는 것, 귀는 잘 듣는 것에 탁월한 기능을 하고 있다. 사람의 영혼도 이성·기개·욕망의 세 부분으로 이루어져서, 사람에 따라 이성이 탁월한 사람은 통치자로, 기개가 강한 사람은 방위자(군인)로, 욕망에 빠지기 쉬운 사람은 생산자로 적합하다고 보았다. 그리고 통치자는 지혜의 덕, 군인은 용기의 덕, 생산자는 절제의 덕을 갖춰 서로 조화를 이루는 국가에서 정의의 덕이 이루어진다고 보았다.

플라톤은 정의를 실현하려면 통치자와 방위자에게 사유 재산 소유와 결혼을 금지해야 한다고 주장했다. 지배 계층이 이익을 좇으면 국가가 부패할 수 있기 때문에 이들에게 강력하게 정의로운 삶을 요구한 것이다.

아리스토텔레스는 사람들이 이익과 올바름 사이에서 고민하지 않게끔 현실적인 정의를 제시했다. 그는 정의를 국가의 공동선이나 법을 실현할 수 있는 일반적인 정의와 각각의 상황에 따라 분배하는 특수한 정의로 구분했다. 특수한 정의는 다시 산술적 정의와 분배적 정의로 나뉜다. 산술적 정의는 다른 사람에게 해를 끼치거나 이익을 준 경우 똑같이 처벌하거나 보상하는 것이고, 분배적 정의는 재화·지위 등을 사회 구성원 각자의 가치에 비례하여 분배하는 것을 뜻한다. 또한 아리스토텔레스는 분배에서 너무 많이 얻거나 너무 적게 얻지 않도록 중용을 실천하는 것이 정의롭다고 보았다.

공자는 『논어』에서 "나라의 임금이든 가정의 가장이든 재화의 적음을 걱정하지 말고 고르게 분배되지 못함을 걱정하라."라고 했다. 또한 군자는 정의에 밝고 소인은 이익에 밝다면서, 이익을 보거든 정의를 생각하라고 가르쳤다. 이익에 따라 행동하면 서로 원망이 생기기 때문에 먼저 군자가 되어야 한다고 강조했다. 군자는 화살이 과녁에 적중하듯 상황에 적합한 의로움을 실천할 줄 아는 사람, 곧 '시중'(時中)을 행하는 사람을 가리킨다.

맹자는 "장차 어떻게 하면 내 나라에 이익이 되겠습니까?"라는 양혜왕의 물음에 "왕은 하필 이익을 말씀하십니까? 다만 인의(仁義)가 있을 뿐입니다."라고 답하면서 임금이 이익을 추구하면 신하도 이익을 좇고 백성도 이익에 따라 행동하기 마련이라고 했다. 즉, 임금이 먼저 백성을 사랑하고 의로움을 추구하면 신하와 백성들도 의로움을 추구하여 정의로운 나라가 될 것이라는 뜻이다.

고대 사상가들이 바라본 정의는 오늘날의 시대 상황과 맞지 않는 면도 있고, 시간이 흘렀지만 여전히 공감 가는 면도 있다. 그들의 성찰과 지혜를 음미하면 정의를 이해하는 데 도움을 얻을 수 있다.

● 시중: '때에 알맞음'이라는 뜻. 시의(時宜)라고도 하며 중용과 비슷한 개념이다.

3

정의가 필요한 이유는 무엇일까?

정의의 실현이 우리 삶에 어떤 영향을 끼치기에 우리는 정의를 필요로 하는 것일까? 정의의 역할을 살펴보면 그 해답을 얻을 수 있다.

첫째, 사회 혼란과 갈등은 대개 서로 간의 이해를 좁히지 못하는 데서 발생하는데, 정의는 갈등을 공정하게 처리하여 사회 통합의 기초를 마련한다.

영국의 곡물법 사건을 예로 들어 보자. 1815년에 제정된 곡물법은 국내 밀의 가격이 1쿼터당 80실링이 될 때까지는 값싼 외국 밀의 수입을 금지하는 것이었다. 당시에는 농업을 보호하기 위해 필요한 법이었지만 시간이 갈수록 본래 취지를 잃게 되었다. 싼값에 빵을 먹고 싶어 하는 대중과 빵을 생산하는 제조업자 등은 비용 부담에서 벗어나고자 곡물법 폐지를 강력히 주장했다. 그러나 토지를 가진 귀족과 지주 계급이 다수파를 이루고 있던 영국 의회는 자신들의 이익을 위해 곡물법을 고수했다. 대중은 곡물법이 특정 계층만을 위한 정의롭지 못한 법이라 여겼다. 그리하여 계층 갈등이 심해지고 불만은 점점 커져 갔다. 그러다 1845년 아일랜드에서 감자 기근으로 많은 사람들이 고통받게 되자, 1846년 로버트 필 총리의 결단과 주도로 드디어 곡물법이 폐지된다. 이로써 영국 사회는 안정을 되찾고 자유무역을 도입해 번영하게 된다.

둘째, 정의는 사회 구성원의 기본 권리와 인권을 보장함으로써 인간다운 삶의 토대를 만든다. 구성원들의 의사가 가로막히고 인권이 무시당하고 자유가 억압받는다는 것은 그 위에 군림하는 세력이 있다는 뜻이다. 정의가 살아 있는 사회란 어느 누구도 억눌리지 않으며, 잘못된 점이 있다면 누구라도 나서서 바로잡을 수 있는 사회를 말한다. 우리가 거주 이전의 자유나 사상의 자유가 없는 북한을 정의로운 사회라고 말하지 않는 이유가 여기에 있다.

셋째, 정의가 실현되어야 개인과 사회가 추구하는 목적을 이룰 수 있다. 기회가 공정하게 주어져야 정의로운 것인데 출발선에서 이미 차이가 난다면 어떨까? 개인이 자기 삶의 목표를 성취하려고 아무리 노력해도 사회 체제가 불공정하면 개인에게 좌절을 안겨 주는 것은 물론이고 사회 전반에도 손해를 가져온다. 예를 들어 한국 사회에 자리 잡은 양극화, 지역 격차, 학벌주의 따위는 개인의 건강한 자아실현을 방해하고 사회적 자원의 공정한 분배를 가로막아 사회의 성장을 저해하고 있다. 청년 실업이나 저출산 문제 등이 그것을 말해 주는 지표이다.

결국 정의는 개인만이 아닌 사회 제도의 문제로 귀결되기 때문에, 여러 가지 사회 문제를 해결하기 위해 정의의 기준을 되짚어 보고 사회적인 합의를 이끌어 내는 일이 더욱 중요해졌다.

4. 어떤 사회가 정의로운 사회일까?

단테(1265~1321)는 정치 분쟁에 휘말려 물러난 뒤 장편 서사시 『신곡』을 쓴다. 『신곡』은 단테가 지옥, 연옥, 천국을 순례하는 이야기이다. 그중 지옥 편을 보면, 올바른 길을 벗어나 컴컴한 숲을 헤매던 단테가 밝은 빛이 있는 언덕으로 가려 하는데 표범(욕망을 상징한다), 사자(권력을 상징한다), 늑대(탐욕을 상징한다)를 차례로 만난다. 그는 두려워서 언덕으로 올라갈 희망을 잃었다고 서술한다. 단테가 보기에 현실은 욕망, 권력, 탐욕이 활개 치는 곳이다. 실패와 좌절의 고통을 경험한 단테는 왜 악한 사람들이 잘살고 있는지, 신의 정의는 어디에 있는지, 지옥과 연옥과 천국을 순례하며 그 답을 찾고 있는 것이다.

동서고금을 막론하고 많은 사람들이 정의로운 사회를 추구했으며, 또 그러한 사회의 모델을 제시했다. 공자는 사후 세계가 아닌 현실에서 정의가 실현되는 대동(大同) 사회를 주장했다. 대동 사회란 '큰 도가 행해져 모두가 하나 되는 사회'이다. 곧, 사회 전체가 공정해져서 현명하고 능력 있는 사람이 지도자가 되고, 모든 사회 구성원이 크게 하나가 되어 신의가 넘치는 사회를 말한다.

다음은 『예기』 예운 편에 나오는 내용을 옮긴 것이다.

큰 도가 행해졌을 때는 천하가 모두의 것이고 어질고 능력 있는 자를 뽑아서 신의를 가르치고 화목을 닦게 하니 사람들은 그 부모만을 부모라 여기지 않았고, 그 자식만을 자식으로 여기지 않았다. 늙은이는 편안하게 일생을 마치며, 젊은이는 모두 할 일이 있으며, 어린이는 잘 자라날 수 있으며, 과부, 홀아비, 고아, 병든 자를 불쌍히 여겨서 다 봉양했다. 남자는 직업이 있고 여자는 돌아갈 집이 있으며, 재물을 함부로 하는 것을 싫어하지만 반드시 자기를 위해 쌓아 두지는 않았다. 몸소 일하지 않는 것을 미워했지만 반드시 자기만을 위해 일하지는 않았다. 이런 까닭에 간사한 꾀가 막혀서 일어나지 못하고, 도둑이 훔치거나 도적들이 난을 일으키지 못했다. 그래서 바깥문을 열어 두고 닫지 않으니 이를 일러 대동(大同)이라고 한다.

약자가 소외당하지 않고 부를 골고루 나누는 사회는 오늘날에도 똑같이 추구하는 모습일 터이다. 공자가 묘사한 이상적인 대동 사회는 바로 요순시대였다. 공자는 주나라의 기틀을 세우고 인(仁)과 예(禮)를 실천한 주공을 본받아 통치자들이 인과 예의 정치를 회복하는 것을 자신의 소명으로 삼고 천하를 주유하며 왕들을 만났다. 비록 공자의 이상은 실현되지 못했지만, 그러한 사회를 이루고자 하는 고민은 현대에도 꾸준히 이어지고 있다.

인류는 20세기 전반 두 번의 세계 대전을 치르고, 좌우의 이념 대립에서 비롯된 냉전 체제를 지나 경제적 생존 경쟁으로 치달아 왔다. 그 과정에서 한정된 사회적 재화와 자원을 '최대 다수의 최대 행복'이라는 공리주의의 관점에 따라 분배하는 것이 대안으로 제시되었다. 그러나 '최대 다수의 최대 행복'이라는 공리주의는 결과주의로 흘러, 다수에 포함되지 않는 소수의 희생이나 배제를 가져온다.

이에 롤스(1921~2002)는 실질적인 정의가 이루어지는 공정한 사회를 주장했다. 불공정한 분배를 개선하기 위해 롤스는 사회적 약자에게 최대의 이익을 주는 정의의 원칙을 제시했다. 또한 롤스는 정의로운 사회란 결과의 공정성보다 과정의 공정성이 이루어지는 '질서 정연한 사회'라고 보았다.

누구에게나 기회는 평등하게, 절차는 공정하게, 결과는 정당하게 분배하여 인간다운 삶을 실질적으로 보장하는 사회가 정의로운 사회라는 점은 대부분의 사람들이 동의하는 보편적인 내용이다. 그러나 그 실천은 여전히 어려운 과제로 남아 있다.

5.
정의로운 분배의 실질적 기준은 무엇일까?

우리가 사회의 일원으로 살아가기 위해서는 소득이나 기회, 지위와 같은 자원이 필요하다. 그런데 자원의 양은 한정되어 있기 때문에 누구에게 어느 정도를 주어야 하는지 기준을 세워야 한다. 그리고 그 기준을 사회 구성원들이 납득할 수 있어야만 정의로운 분배라고 할 수 있다.

아리스토텔레스는 '분배적 정의'를 말하면서 가치에 따라 분배해야 한다고 주장했다. 곧, 각자가 지닌 능력이나 사회에 공헌한 정도에 따라 다른 대우를 받아야 한다는 것이다. 이때 무엇이 공정한지에 대한 가치 판단에 따라 분배가 달라질 수 있다.

오늘날에도 다양한 분배의 기준이 있겠지만, 크게 업적·능력·필요 이 세 가지를 들 수 있다.

업적에 따른 분배

레알 마드리드 소속의 축구 선수 호날두는 유럽 챔피언스 리그 최초 5 연속 득점왕이며, 최고 권위를 자랑하는 발롱도르 상을 네 번이나 받았고 2016년에 이어 2017년에도 'FIFA(국제 축구 연맹) 올해의 선수' 상을 받았다. 레알 마드리드의 지네딘 지단 감독은 "이 시대가 끝나면 호날두가 이룬 것이 얼마나 대단한지 깨닫게 될 것이다. 그는 그럴 만한 자격을 갖춘 선수이다."라고 평가했다. 호날두가 상을 받은 내역은 일일이 나열하기 힘들 정도로 많으며, 해마다 자신의 기록을 갱신할 만큼 그가 축구계에 남긴 업적은 대단하다. 미국 경제 전문지 『포브스』의 발표에 따르면 연봉을 포함한 그의 총수입은 약 8800만 달러(약 1000억 원)로, 2016년 세계 스포츠 선수 수입 1위에 올랐다.

크리스티아누 호날두

호날두가 자신의 뛰어난 업적에 대해 큰 보상을 받은 것처럼, 업적에 따른 분배는 객관화 또는 수치화한 개인의 업적에 대해 주어지기 때문에 평가의 공정성을 확보할 수 있다. 또한 성취한 만큼 보상을 받으므로 개인의 성취욕구를 높일 수 있다는 장점도 있다. 그렇지만 가난, 질병, 장애 등을 안고 있는 사회적 약자는 일반인보다 업적을 내기가 힘들고, 업적을 따른다 해도 어느 만큼이 합당한 보상이냐 하는 점에서 논란의 여지가 있다.

● 발롱도르(Ballon d'or): '황금빛 공'이라는 뜻의 프랑스어, 축구 전문지 『프랑스 풋볼』이 주관하여 '올해의 유럽 축구 선수'에게 주는 상이다.

능력에 따른 분배

리오넬 메시는 아르헨티나의 유소년 축구 팀에 소속되어 능력을 인정받던 중 10대 초반에 성장 호르몬 결핍증이라는 진단을 받는다. 치료를 하려면 비싼 성장 호르몬 주사를 꾸준히 맞아야 했지만 그의 소속 팀은 이 치료비를 부담하기 어려운 상황이었다. 아르헨티나에서 뛰기 어려워지자 메시는 스페인 FC바르셀로나의 스카우트 제의에 응하게 된다. 그런데 메시의 재능에도 불구하고 어린 나이의 외국 선수와 계약한 적이 없고 치료비를 부담해야 한다는 이유로 구단은 결정을 망설였다. 하지만 메시의 선천적인 재능과 잠재력을 알아본 FC바르셀로나의 카를로스 기술 이사는 메시의 아버지와 협상한 끝에 치료비 부담은 물론이고, 자신이 책임지고 메시를 데려오겠다는 계약서를 즉석에서 냅킨에 작성했다. 현재 메시는 축구 선수로는 작다고 할 만한 170센티미터의 키에도 실력을 인정받으며 발롱도르 상을 5회나 받았고, 2280만 유로(약 300억 원)의 연봉을 받고 있다.

메시는 신체의 질병 때문에 키가 작고 체구가 왜소했지만 잠재력을 인정받아서, 새로운 구단에 입단해 능력에 따른 보상을 받고 있다. 이처럼 능력에 따른 분배는 개인의 잠재력을 마음껏 실현할 수 있는 기회를 제공한다는 장점이 있다. 그렇지만 재능은 선천적으로 타고나거나 부모의 사회·경제적 수준의 영향을 받는 경우가 많기 때문에 공정하지 않다고 지적하는 사람도 있다.

메시가 FC바르셀로나와 맺은 냅킨 계약서. 개인의 잠재적 능력에 따라 분배가 이루어진 사례이다.

필요에 따른 분배

세계 보건 기구(WHO)의 통계 자료를 바탕으로 작성된 게이츠 재단 보고서에 따르면 지구상에서 인류를 위협하는 가장 위험한 동물 1위는 바로 모기이다. 2015년 한 해 동안 모기 때문에 사망한 사람은 83만 명인데, 그중 대부분이 아프리카에 사는 어린이들이다.

마이크로소프트의 창립자 빌 게이츠와 그의 아내가 2000년에 설립한 빌&멀린다 게이츠 재단은 모기와의 전쟁을 선포하고 말라리아로 고통받는 이들을 위해 앞장서고 있다. 모기장 배포, 약의 개발과 보급, 치료에 힘쓰는 한편, 장기적으로는 모기의 유전자를 변형해서 감염원을 차단하는 연구도 지원하고 있다. 빌 게이츠는 최근에도 46억 달러(약 5조 원)에 해당하는 마이크로소프트 주식을 재단에 기부했으며, 말라리아 문제로 심각

모기장이 가장 필요한 곳에 전달되었다. 모기장은 말라리아의 위험에 노출된 사람들을 지켜 준다.

한 피해를 입고 있는 모잠비크 지역에 월드비전과 함께 10만 개의 모기장을 전달했다고 한다.

필요에 따른 분배는 기본적인 필요를 충족할 수 없는 사회적 약자에게 우선적으로 자원을 제공하여 인간다운 삶을 살게끔 돕는다는 장점이 있다. 위의 사례는 모기 퇴치라는 하나의 문제에 재정적으로 능력 있는 개인이나 민간단체가 분배의 주체가 된 경우이다. 그런데 사회나 국가가 '필요에 따른 분배'를 모두 담당해야 한다면 어떨까? 사회적 자원이 충분하지 않으면 모든 사람을 만족시키기도 어려우며, 개인의 노력과 의욕을 저하시킬 수 있을 것이다.

6.
자유주의적 정의관과 공동체주의적 정의관은 어떻게 구분할 수 있을까?

우리는 장학금이나 불우 이웃 돕기 성금을 기탁했다는 훈훈한 기사를 가끔 보곤 한다. 2016년 전남 보성군의 어떤 할머니는 보따리 장사로 모은 8000만 원을 지역 인재 육성 장학금으로 내놓았다. 이 할머니는 허리를 다치는 바람에 보따리 장사를 그만두고 늦은 나이에 공부를 시작했는데, 성인 초등 과정을 공부하면서 배우지 못한 가난한 이웃에게 관심을 기울이게 되었다고 한다. 경기도의 어느 트럭 운전사도 자기가 모은 돈 1억 원을 경기 사회 복지 공동 모금회에 기부했고, 경기도 파주시의 한 면사무소에는 익명의 기부자가 20킬로그램짜리 쌀 150포대를 배달한 일도 있었다.

이런 사연을 보고 들으며 사람들은 어떤 생각을 할까? '더불어 사는 세상에서 나도 기부해야지!' 대개는 이렇게 생각하겠지만 모든 사람들이 다 그렇게 생각하지는 않을 것이다. 이웃 사랑을 바라보는 관점도 서로 다르기 때문이다.

연말이 되면 학교에서 불우 이웃 돕기 성금이나 국군 장병 격려금을 걷는 경우가 있다. 어떤 사람들은 불우 이웃을 돕는 것은 당연한 의무라고 생각한다. 그렇지만 어떤 사람들은 어려운 사람을 돕는 것은 각자의 형편이나 상황, 또는 가치관에 따라 다르게 생각할 수 있으므로 타인이나 사회가 강요해서는 안 된다고 말하기도 한다.

　여기에서 전자가 공동체주의적인 사고라면, 후자는 자유주의적인 사고라고 할 수 있다. 자유주의는 분배적 정의와 관련해서 개인은 누구나 독립된 자아로서 자유로운 선택을 할 수 있다고 여기며, 공동체주의는 공동체 구성원으로서 개인이 책임과 의무를 다해야 한다고 본다.

7.
자유주의적 정의관과 이를 대표하는 사상가는 누구일까?

자유주의적 정의관을 대표하는 사상가로는 노직과 롤스가 있는데, 먼저 노직의 주장을 살펴보자.

노직은 당대 최고의 농구선수인 체임벌린을 두고 이렇게 가정한다. 여러 농구 팀들이 서로 그를 스카우트하려는 상황에서 체임벌린이 어느 팀과 다음과 같은 계약을 한다고 해 보자. 홈경기 입장권 가격에서 25센트가 체임벌린의 몫이 된다는 계약이다. 한 시즌에 100만 명의 관중이 그의 홈경기를 관전한다면 체임벌린은 미국인 평균 수입보다 훨씬 많은 25만 달러의 수입을 얻게 된다.

이 수입에 대해 체임벌린의 소유 권리는 정당한가? 노직은 체임벌린의 수입이 정당하다고 말한다. 왜냐하면 관중은 어떠한 강압도 없이 자발적으로 경기를 보러 왔기 때문이다. 따라서 그 금액이 어마어마하더라도 평등을 이유로 그중의 일부를 세금으로 가져갈 수는 없는 것이다. 왜냐하면 세금을 내려면 이 가운데 일부가 분명히 체임벌린에게 속하지 않는 것이어야 하기 때문이다.

자유주의 사상에서는 개인의 독립성과 자율성을 우선시하며 개인의 자유에 최고 가치를 부여한다. 개인이 자유롭게 능력을 발휘해 자신의 이익을 추구할 때 사회 전체의 부가 증가하며, 국가는 국민의 자유와 권리를 보호하기 위해 존재한다고 보는 것이다.

노직은 자유지상주의자로 불리는데, 그는 정의의 원칙을 다음과 같이 제시했다. "재화를 처음 취득하는 과정이나 재화를 남에게 넘겨 주는(이전 또는 양도) 과정이 정당하다면 그러한 과정을 통해 얻은 소유물에 대한 권리는 절대적이고 배타적이다." 노직은 정의를 개인의 소유권을 보장하는 것을 중심으로 논하였다. 따라서 재화의 분배에 국가가 개입해서는 안 되며, 재화의 분배는 개인의 자유에 맡겨야 한다고 보았다. 또한 이상적인 국가는 '최소 국가'라고 보았다. 최소 국가란 사람들이 안전하게 거래할 수 있는 환경을 만들고 부당한 계약을 감시하는 역할 등에 힘쓰는 국가를 말한다.

특히 노직은 사회적 약자나 사회 전체의 행복을 위한다며 부유한 사람들에게 세금을 거두어 가난한 사람들을 돕는 것은 개인의 소유권을 침해하는 행위라고 비판했다. 즉, 개인의 정당한 재산을 국가가 재분배하는 것은 옳지 않다는 것이다. 노직은 자신이 노력해서 얻은 돈과 재산을 사용하는 것도 전적으로 개인의 선택에 맡겨야 한다고 주장한다. 나아가 노직은 불우 이웃 돕기나 해외 원조도 개인의 선택에 맡겨야 하지, 주변 사람이나 국가가 이를 강요해서는 안 된다고 생각한다.

한편, 자유주의적 정의관을 대표하는 또 다른 사상가 롤스는 위의 사례에 대해 다른 견해를 제시할 것이다. 롤스는 개인의 타고난 재능이나 능력을 자기 것으로만 여기지 않고 사회적 약자나 어려운 사람들을 위해 사용할 때 정의로운 것이라고 주장한다. 롤스는 체임벌린의 재능이 모두 그의 몫이라고 생각하지 않기 때문에 그중 일부를 사회적 약자를 위해 사용해야 한다고 본다. 그러나 기본적으로 개인의 능력과 업적에 따른 분배, 소유권이나 분배에 대한 개인의 선택권을 중시한다는 점에서 두 사상가는 같은 입장을 가지고 있다.

롤스는 다음과 같은 정의의 원칙을 제시했다.

"모든 사람은 평등하게 기본적 자유를 누려야 한다. 그렇지만 사회에서 형편이 어려운 사람들(최소 수혜자)에게 최대의 이익을 보장하는 한 사회적·경제적 불평등은 정당화될 수 있다."

로버트 노직(1938~2002)

노직과 달리 롤스는 타고난 재능을 자신만을 위해서 사용하면 안 된다고 했다. 특히 그는 최소 수혜자에게 최대의 이익이 되도록 해야 한다고 보았다. 남자로 태어나거나 부유한 나라나 부유한 집에 태어나는 등 우연으로 인한 결과가 개인의 몫을 결정하는 것은 문제가 있다고 본 것이다.

흙수저, 금수저라는 말이 있다. 빈부가 대물림되는 현실을 함축한 말이다. 집안 배경이 좋거나 재산이 많은 집에 태어난 이들은 경제적으로 풍족한 삶을 살 수 있고, 자신이 원하는 많은 일을 해 볼 수 있다. 반면 그렇지 않은 이들은 선택의 기회

존 롤스(1921~2002)

나 여유 없이 경제적으로 어려운 삶을 살 수밖에 없다. 그런데 이렇게 서로 다른 처지에서는 정의의 원칙에 합의하기 어려울 것이다. 그래서 롤스는 우연으로 인한 결과가 영향력을 발휘하지 못하게끔 원초적 입장, 무지

의 베일이라는 가상의 상황을 설정했다. 이것은 아무도 자신의 신분이나 지위, 능력 등을 모르는 상황을 말한다. 이런 상황에 놓이면 자기 자신이 어떤 사회에서 어떤 사람으로 태어날지 모르기 때문에, 사람들은 가장 안전한 선택을 하게 될 것이고, 이런 공정한 상황에서 모든 사람들이 정의의 원칙에 합의하게 될 것이며, 따라서 평등한 자유의 원칙, 차등의 원칙, 기회 균등의 원칙 등이 나올 수 있다고 보았다. 롤스는 이러한 원칙들에 따라 사회적 재화가 분배될 때 정의가 이루어질 수 있다고 주장했다.

롤스의 사상에서 자주 다루어지는 것은 차등의 원칙이다. 차등의 원칙은 그 사회의 최소 수혜자, 즉 가장 약자인 사람에게 가장 많은 분배의 이

익이 돌아가도록 할 때에만 불평등을 허용한다는 말이다. 그리고 이러한 불평등은 불합리한 것이 아니라 오히려 정의롭다는 것이다. 장애인을 위한 각종 편의 시설을 저렴하게 또는 무상으로 제공하는 것, 소수 민족이나 소수 인종에게 특별한 혜택이나 더 많은 기회를 부여하는 것 등은 롤스의 사상이 반영된 정책이라할 수 있다.

대형 여객선의 특등실(위층)과 삼등실(아래층)이 대조되는 20세기 초의 사진. 롤스는 계급과 계층 등의 다양한 이해관계를 벗어나는 원초적 입장에 서야 모든 사람들이 정의의 원칙에 합의하게 될 것이라고 보았다. 스티글리츠, 〈삼등선실〉, 1907년

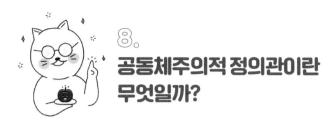

8.
공동체주의적 정의관이란 무엇일까?

대한민국에 태어났다는 이유로, 국적을 포기하지 않는 한 성인 남자라면 군대에 가야 한다.

"남자라면 당연히 군대에 갔다 와야지. 그래야 철들고 사람 되지."

"피할 수 없다면 즐겨라."

"내가 꼭 가야만 하는 걸까? 그 시간을 아껴 다른 일을 한다면 개인적으로나 국가적으로 더 효율적이지 않을까?"

"자기 자신이나 아들의 병역 기피 내역이 있는 사람은 대한민국의 공직자로서 자격이 없다."

이와 같이 병역의 의무와 관련하여 여러 가지 생각이 있지만, 우리나라 사람들 대부분은 특별하고 정당한 이유가 없는 한 남자라면 군대에 가야 하며 부당하게 병역을 기피한 사람은 처벌받아야 한다고 생각한다. 이러한 생각에는 공동체주의적 정의관이 자리 잡고 있다.

공동체주의는 공동체의 전통과 규범을 중시하는 사상이다. 공동체주의에서는 자유주의와 달리 개인이 공동체의 구성원으로 존재하며, 공동체에서 일정한 책임과 의무를 부여받는다고 본다. 또한 공동체가 발전함으로써 개인도 행복한 삶을 살 수 있고, 공동체가 추구하는 목표를 위해 구성

알래스데어 매킨타이어(1929~)

원들은 책임과 의무를 성실히 수행해야 하며, 공익과 공동선이 실현되면 자연스럽게 개인의 자유와 권리도 보장될 수 있다고 본다.

공동체주의적 정의관을 대표하는 사상가로 매킨타이어를 들 수 있다. 그는 다음과 같이 말했다.

"나는 이 마을 또는 저 도시의 시민이며, 이 조합 또는 저 집단의 구성원이다. 또한 나는 이 씨족, 저 부족, 이 민족에 속해 있다. 그러므로 나에게 좋은 것은 공동체에서 역할을 담당하는 누구에게나 좋은 것이어야 한다. 이처럼 나는 내 가족, 도시, 부족, 민족에게서 다양한 부담과 유산, 정당한 기대와 책무를 물려받았다. 내 삶의 이야기는 언제나 내 정체성이 형성된 공동체의 이야기에 속한다."

매킨타이어는 사람은 누구나 어떤 공동체의 일원으로 존재하며 공동체로부터 유산이나 전통도 물려받고 책임과 의무도 부여받는다고 보았다. 따라서 개인의 정체성은 공동체의 정체성과 관련되어 형성되며 개인의 삶은 공동체의 역사와 전통 속에서 전개되기 때문에, 자유주의에서 가정한 자율적이고 독립적인 자아는 허구라고 비판한다.

9.
개인의 권리와 공동체에 대한 의무, 어느 것이 중요할까?

2016년 독일 북서부 에센시의 현금 지급기에서 볼일을 보던 노인이 갑자기 쓰러졌다. 그런데 그때 가까이에 있던 4명의 남녀가 이 모습을 보고도 신고조차 하지 않고 그 자리를 떠났다. 그 뒤 다른 남성의 신고로 뒤늦게 구급대원이 출동해 노인을 병원으로 옮겼지만 결국 사망했고, 경찰은 CCTV를 분석해 '착한 사마리아인 법'을 적용하여 4명의 남녀를 체포했다. 착한 사마리아인 법은 자신에게 위험이나 피해가 오지 않는데도 위험에 빠진 사람을 무시하고 돕지 않는 자를 벌하게 하는 법으로, 독일·프랑스 등 유럽에서 시행하고 있다.

'착한 사마리아인'은 성경에 나오는 이야기이다. 예루살렘에서 예리코로 가는 도중 강도를 만나 죽을 지경이 된 사람이 있었다. 정치적·종교적 지도층이었던 사람들이 차례로 그냥 모른 척 지나쳤다. 그러나 무시받으며 살던 사마리아인 한 사람이 그의 상처를 싸매 준 뒤 근처 여관에 데려다주고 치료비까지 주었다는 내용이다. 이 이야기를 통해 예수는 '누가 진정한 이웃인가?'라는 질문을 던진다.

어려움에 빠진 사람을 돕는 것을 개인의 판단과 선택에 맡길 것인지, 아니면 공동체 구성원의 당연한 책무로 여길 것인지를 놓고 자유주의적 정

고흐, 〈선한 사마리아인〉, 1890년

의관과 공동체주의적 정의관은 각각 다른 견해를 보인다. 자유주의적 정의관에서는 앞에서 말한 독일 남녀 4명의 행위를 잘못되었다고 보지 않을 수 있다. 왜냐하면 쓰러진 노인을 도울지 말지는 각자가 자율적으로 결정할 문제이지 꼭 이행해야만 하는 의무로 보지 않기 때문이다. 그러나 공동체주의적 정의관에서는 남녀 4명의 행위를 공동체 구성원으로서의 책임을 다하지 않은 잘못된 행동이라고 본다.

개인의 도덕적 권리와 공동체에 대한 의무와 관련하여 양심적 병역 거부 문제도 생각해 볼 수 있다. 최근 우리나라에서는 양심적 병역 거부에 대한 무죄 판결이 종종 나오고 있다. 2017년 제주 지방 법원은 병역법 위반 혐의로 기소된 두 젊은이에게 무죄를 선고했다. 이 판결을 내린 부장 판사는 "입영 거부의 정당한 사유에 양심적 병역 거부가 포함된다."라며 "대체 복무 제도가 시행되지 않고 있는 현행법 체계에서는 양심의 자유를 보호하기 위해 국방의 의무를 잠시 보류하는 해석이 최선이라고 판단된다."라고 밝혔다.

현재까지 양심적 병역 거부자들은 병역법 제88조 제1항에 따라 기소된 뒤 징역 1년 6개월을 선고받고 있다. 병역법 제88조 제1항에 따르면 '정당한 사유' 없이 입영하지 않거나 소집에 응하지 않으면 3년 이하의 징역에 처하도록 되어 있다. 이 때문에 양심적 병역 거부가 정당한 사유인지 아닌지가 유무죄 판단의 주요 기준이 된다. 양심적 병역 거부 무죄 판결은 헌법이 보장하는 양심의 자유와 국제 인권 규범을 근거로 하고 있다.

양심적 병역 거부는 아직도 우리 사회에서 주요한 논쟁거리로 남아 있다. 남북 분단이라는 특수성 때문에 징병제를 실시하고 있는 우리나라에서는 많은 국민이 국회 의원, 장차관 등 주요 공직자의 병역 비리에 민감하다. 그런데 양심적 병역 거부를 인정하는 사람들은 의도적인 병역 기피가 아니라 종교, 반전(反戰), 개인의 신념에 따라 거부하는 것이라고 주장한다. 이는 양심의 자유, 종교의 자유, 인간의 존엄성을 침해할 수 없다는 헌법에 보장된 기본권을 근거로 내세운다. 그런가 하면 양심적 병역 거부를 인정하지 않는 사람들은 국가 안보와 헌법 질서를 해치고 군의 사기를 떨어뜨릴 수 있다는 점, 의도적 병역 기피로 악용될 가능성이 높다는 점, 법률에 없는 '병역 거부권'을 양심의 자유라며 국방의 의무를 저버리려는 점 등을 근거로 내세운다.

이를 자유주의적 정의관과 공동체주의적 정의관에서 보면 어떨까? 자유주의적 정의관에서는 개인의 양심·종교·사상을 중시하여 양심적 병역 거부를 인정할 가능성이 높다. 반면, 공동체주의적 정의관에서는 공공성을 띠는 병역 의무의 특징, 사회 전체 구성원들의 공감대와 공동선의 증진 등을 강조하면서 양심적 병역 거부를 반대할 가능성이 높다.

10.
사익과 공익은 어떻게 조화를 이룰 수 있을까?

사익과 공익은 많은 부분에서 충돌할 가능성이 높다. 개인의 이익을 추구하다 보면 사회 전체의 이익에 맞지 않을 수 있고, 사회 전체의 이익을 추구하다 보면 개인의 이익이 침해받기도 하기 때문이다.

소를 키워 생계를 꾸리는 마을이 있었다. 마을 사람들은 소에게 풀을 먹이기 위해 목초지를 이용했다. 그 목초지는 비용을 지불하지 않고 마음껏 사

용할 수 있는 공유지였기 때문에 마을 사람들은 저마다 소를 늘려 나갔다. 그러자 무성하던 목초지의 풀이 점점 사라지더니, 마침내 목초지는 황무지로 변해 버렸다. 마을 사람들은 더 이상 소를 키울 수 없는 상황에 이르고 말았다.

이 이야기는 우리가 잘 알고 있는 '공유지의 비극'이다. 마을 사람들이 자신만의 이익을 위해 경쟁적으로 소를 늘려 나간 결과 아무도 소를 키울 수 없게 되었다. 결국 마을 사람들은 어쩔 수 없는 선택을 할 것이다. 어떤 사람들은 소를 죽이거나 시장에 내다 팔아 소의 수를 줄여서 목초지가 회복될 때까지 기다릴 것이고, 또 어떤 사람들은 마을을 떠날 것이다. 각자가 이익만 추구하는 사이에 공동체가 망가져 버리는 것이다.

사회에는 다양한 사람들의 이해관계가 존재하며 그것이 복잡하게 얽혀 있기 때문에 서로 조화되기보다는 갈등을 일으키기 쉽다. 사회에서 갈등은 주로 집단 이기주의로 나타난다. 대표적인 예로 님비와 핌피 현상을 들 수 있다. 님비(NIMBY)는 'Not In My Back Yard'의 줄임말로, 혐오 시설이나 기피 시설이 자기 지역에 건립되는 것을 반대하는 것이다. 핌피(PIMFY)는 'Please In My Front Yard'의 줄임말로, 선호 시설이 자기 지역에 건립될 수 있도록 적극적으로 요구하는 것이다.

이와 관련하여 ○○ 혁신 도시에서 추진하는 공공 실버 주택 사업의 사례를 살펴보자. ○○시는 ○○ 혁신 도시에 '도심형 공공 실버 주택' 건설을 추진하고 있다. 그런데 주민이 공공 실버 주택을 혐오 시설이나 기피 시설로 인식하고 구청 홈페이지에 반대 민원을 제출했다. "저소득층 노인 임대 주택이 지역 활성화에 도움이 될 것이라고 생각하는 사람은 없다.",

"입주 노인만을 위한 편파 복지"라는 비판의 목소리였다. '상가주택 주인'이라고 밝힌 어느 민원인은 공공 실버 주택 건설이 땅값에 부정적인 영향을 끼칠 것이라고 주장했다. 그러나 이를 주관하고 시행하는 구청의 생각은 다르다. 공공 실버 주택이 들어서면 실버 산업과 관련해 다양한 사업이 발전할 것이며, 그 결과 주변 상권을 활성화하고 많은 사람들의 일자리 창출에도 기여하게 되리라는 주장이다. 이렇듯 하나의 정책이나 사업을 놓고 각자의 처지에 따라 상반된 견해가 나올 수 있다.

그런데 실제로 님비와 핌피는 그 구분과 경계가 명확하지 않을 수도 있다. 지하철역, 지방 자치 단체 복합 청사 건설, 경기장이나 대단지 쇼핑센터 등의 건립은 많은 사람들이 선호하지만, 그로 인한 소음, 교통 혼잡 등의 부작용을 겪으면서 주민들이 반대하거나 항의하기도 한다.

그런데 님비든 핌피든 개인의 이익과 공동체의 이익이 충돌하는 접점이 나타난다. 이러한 갈등이 있을 때는 민주적인 절차를 거쳐 의견을 수렴하고, 개인과 집단 간의 양보와 타협·협상 등을 통해 해결하거나 적절한 보상 또는 혜택을 제공하는 식으로 이해관계를 조절해 나가는 지혜가 필요하다.

11.
사회 불평등 현상이란 무엇일까?

학급에서 모범생 한 명에게 상을 줘야 한다고 가정해 보자. 학급 회의에서 결정한다고 할 때 누구를 추천하는 것이 적절할까? 어떤 학생은 성적이 최우선이니 1등에게 상을 줘야 한다고 생각할 수 있다. 다른 학생은 학급을 위해 봉사를 많이 한 사람에게, 또 다른 학생은 반장이 제일 고생이 많았으니 반장에게 상을 줘야 한다고 주장할 수 있다. 이처럼 각각의 주장이 모두 일리가 있을 때는 어떻게 결정해야 할까? 30명 안팎이 모여 있는 여러분의 교실에서 벌어지는 이런 문제도 해결하기 쉽지 않을 텐데, 만약 수만 명, 수십만 명의 이익이 걸린 문제라면 어떻게 해결해야 할까?

예를 들어 현재 만 19세로 되어 있는 선거권 연령을 고등학교 3학년에 해당하는 만 18세까지로 낮춰야 할지 결정하는 문제를 보자. 거의 모든 OECD 국가들은 18세 선거권을 채택하고 있으므로 우리나라도 그렇게 해야 한다는 주장과, 수능을 앞두고 있는 우리의 현실은 그 나라들과 다르므로 신중히 결정해야 한다는 주장은 각각 일리가 있다.

재래시장을 살리기 위해 대형 슈퍼마켓에 의무적으로 휴일을 두게 하는 제도는 어떨까? 대형 슈퍼마켓 쪽은 매출이 줄어든다고 불평할 수 있을 것이다. 반면 재래시장 상인들은 기대에 못 미치기는 하지만 주변에 있는 대

18세 선거권의 바람을 담아 종이비행기를 날리는 청소년들

형 슈퍼마켓이 한 달에 두 번이라도 휴무하는 것을 환영할 것이다.

우리 사회에서 재산, 권력, 사회적인 지위, 쾌적한 공간 등은 누구나 누리고 싶어 하는 가치이다. 그러나 이러한 가치들은 희소해서 모두에게 골고루 나눌 수 없는 탓에 불균등하게 분배될 수밖에 없다. 이러한 희소가치의 불균등 분배 때문에 빚어지는 현상을 '사회 불평등 현상'이라고 한다.

정규직 근로자 임금의 66퍼센트밖에 받지 못하는 비정규직 노동자 실태(2016년, 고용노동부 조사)나 남성 임금의 62.8퍼센트로 OECD 회원국 중 가장 큰 격차를 보인 여성 임금 수준(2015년, OECD 자료)은 우리 사회에서 볼 수 있는 대표적인 사회 불평등 문제이다. 또한 전체 교원의 66퍼센트가 여성인데도 여성 교장의 비율은 23퍼센트에 불과한 현실(2016, 교육통계연구센터), 전체 인구 집단의 경제 활동 참가율이 74.7퍼센트인 데 비해 청·장년 장애인의 경제활동 참가율은 그보다 20퍼센트 정도 낮은 56.9퍼센트(2016, 한국보건사회연구원)라는 것은 우리 사회에 보이지 않는 사회적 불평등이 존재함을 증명하는 지표이다.

앞서 제시한 사례들도 결국 '상장', '정치적 영향력', '경제적 이득'이라는 가치를 누구에게 얼마만큼 나눌 것인가의 문제로 귀결된다. 이러한 가치를 어떻게 나누느냐에 따라 누구에게 더 유리한 사회가 만들어지느냐가 결정되기 때문에 사회는 항상 이것을 둘러싸고 논란을 벌이게 된다. 예컨대 상을 받는 학생은 대학 입시에서 유리한 조선을 확보할 수 있으므로 최선을 다해 자신의 논리를 주장해 상을 받아내려 할 것이다. 선거권은 몇 세부터 부여할 것이냐에 따라 정당마다 유불리를 논하기도 한다. 2016년 기준 60만여 명에 이르는 18세 유권자의 표가 어디로 가느냐에 따라 이득을 보는 정당과 손해를 보는 정당이 나뉠 수 있으므로 각자에게 유리한 논리를 내세우는 것이다. 또한 이는 우리 사회에서 소외되었던 청소년층의 이익이 보장될 수 있느냐 하는 문제와도 관련이 깊다. 재래시장과 대형 슈퍼마켓의 갈등은 대기업과 영세 상인 중 누구의 이익을 보장하는 것이 우리 사회 전체를 위해서 중요한가 하는 문제와 연관된다.

이처럼 겉으로 드러나는 논리와는 별개로 그것이 결국 누구의 이익을 보장하는 것인가는 사회적 가치의 배분에 매우 중요한 문제이다. 이 문제가 바람직하게 해결되어야 사회적 통합이나 발전이 이루어질 수 있다. 예를 들어 '최저 임금'을 결정할 때 기업의 이익을 지나치게 고려하여 낮게 책정한다면 일반 국민들의 삶의 질은 낮아지고 경제가 침체될 것이다. 반면 최저 임금이 너무 높게 책정되면 기업의 이윤은 줄어들고, 그 결과 기업이 망하거나 기업 경영에 매력을 느끼지 못하는 사업가가 늘게 되어 역시 국가 경제가 침체되는 결과를 낳을 것이다. 그러므로 사회적 가치를 배분하는 문제에서는 충분한 대화와 상대에 대한 배려를 바탕으로 서로 공존할 수 있는 방향을 모색해야 한다.

12.
공간 불평등 현상은
어떻게 나타나고 있을까?

- 폭염 사망률 농촌이 10배 위험… 밭일하던 할머니 숨져(2015. 8.)
- 농촌 암 사망률 도시의 1.4배… 갈수록 격차 커져(2014. 11.)
- 교통사고 사망률 '농촌 최고 5배 높다'(2015. 10.)
- 소방관서 통폐합으로 농촌 지역 방재 사각지대(2016. 12.)

위의 내용은 여러 측면에서 나타나는 도시와 농촌 간의 격차와 불평등을 다룬 최근의 신문 기사들이다. 농업이라는 산업의 특성상 야외에서 일할 때가 많으므로 폭염 사망률이 도시보다 높은 것은 그렇다 치더라도 암 사망률이나 교통사고 사망률은 왜 높을까? 이것은 농촌 인구의 고령화 추세, 보행자를 보호할 수 있는 도로나 신호 환경의 부족, 질병이나 재해를 당했을 때 가까운 거리에서 도움과 치료를 받을 수 있는 의료 기관의 부재 등과 관련이 깊다. 그렇다면 이와 같은 도농 간 격차의 원인은 무엇이며 그 영향은 어떨까?

우리나라에서는 도시가 공업화하는 과정에서 경제적·문화적 관심이 집중되자, 농촌 인구가 몰려들어 도시 인구가 급증했다. 반면 농촌에서는 인구가 줄어들고 고령화 현상이 뚜렷해지면서 각종 편의 시설이 감소했다.

특히 젊은 층이 빠져나가 아이들이 줄어든 바람에 학교 시설과 각종 문화 시설이 축소되어 극장이나 쇼핑센터 등을 찾아보기 어려워졌다. 또한 인구 감소는 행정 기관의 축소, 이전으로도 이어졌다. 더욱이 농촌 인구가 감소하면서 병·의원들도 줄어든 탓에 고령층 환자들이 제때에 치료받을 수 없게 됨으로써 도시와의 사망률 격차가 더욱 커진 것이다.

이러한 격차는 도시와 농촌 사이에만 존재하는 것이 아니다. 우리 사회는 이런 불균형과 불평등이 다양한 곳에서 다양한 형태로 존재하는데, 같은 도시 안에서도 찾아볼 수 있다.

구룡마을은 1980년대 말 강남 개발 사업으로 집을 잃은 사람들이 무허가 건물을 지어 살기 시작한 곳이다. 2017년 현재 재개발이 예정되어 있다. 구룡마을 너머로 초고층 아파트의 불빛이 휘황하다.

- 강남구 개포동 구룡마을에 또 불… 무허가 주택 29세대 완전 불타(2017. 3.)

  폐장판이나 카펫, 비닐 등으로 덮인 대부분의 집들, 마치 1970년대 판자촌을 연상. 아직도 1100여 세대 2200여 명의 주민이 거주

- 강남·북 CCTV 격차에… 수사도 부익부 빈익빈(2016. 2.)

  201대 강북 ○○구는 별 도움 못 받아 자전거 도주 사건 잠정 중단 상태

  1470대 강남 ○○구는 드라마처럼 오토바이 절도 2분 만에 검거

- 강남·북 교육재정 지원 격차 최대 10배(2012. 10.)

  최근 5년간 강남 ○○구는 1609억 원 지원, 강북 ○○구는 145억 원 지원. 10배 이상 차이

이른바 강남 3구로 불리는 강남·서초·송파구와 강북 지역의 격차는 여러 면에서 심각함을 보여 주며, 구룡마을 등 도시 빈민 지역을 둘러싼 갈등도 현재 진행형이다. 이런 불평등 현상이 계속 되면 사회적 불안과 절망이 널리 퍼지고, 이 때문에 범죄율이 늘어나면 사회가 통합되기는커녕 우리 사회는 파국으로 치달을 수도 있다는 우려가 많다.

특히 그동안 우리 사회의 '계층 사다리' 역할을 했던 교육에 있어서도 공간 불평등이 심각하다. 교육 기회의 격차로 이제는 교육이 오히려 계층 사이의 불평등을 더욱 심화하는 도구로 변질되고 있다. 어려운 환경을 딛고 자수성가를 이뤄 낸 것을 뜻하는 '개천에서 용 난다.'는 이제 옛말이 되고 말았을까? 개인의 노력에 따른 계층 상승이 점점 불가능해지는 우리 사회의 현실은 젊은 세대가 미래를 더 어둡게 여기게끔 한다는 점에서 반드시 해결해야 할 과제이다.

13.
정의로운 사회를 만들기 위한 제도에는 어떤 것이 있을까?

사회 불평등을 해소하여 정의로운 사회를 만들려면 어떻게 해야 할까? 우리나라는 '사회 보장 기본법'에 따라 출산, 양육, 실업, 노령, 장애, 질병, 빈곤과 사망 등의 사회적 위험으로부터 모든 국민을 보호하고 국민 삶의 질을 향상하는 데 필요한 소득·서비스를 보장하게 되어 있는데, 그중 하나가 4대 보험으로 대표되는 '사회 보험'이다.

사회 보험이란 국민에게 발생하는 사회적 위험을 보험의 방식으로 대처함으로써 국민의 건강과 소득을 보장하는 제도를 말하며, 강제성을 띠고 영리를 목적으로 하지 않는다는 점에서 민간이 운영하는 보험과는 구별된다. 여기에는 퇴직·사망·노령 등에 대비한 연금 보험, 질병과 부상에 대비한 건강 보험, 업무상 재해에 대비한 산업 재해 보상 보험, 실업에 대비한 고용 보험 제도가 있다. 이 중에서도 국민 건강 보험은 질병이나 부상 때문에 발생한 고액의 진료비가 가계에 큰 부담이 되어 적절한 치료를 받지 못하게 되는 것을 막는 제도로, 전 세계적으로도 우수성을 인정받은 사회 보장 제도이다.

이 밖에도 평소 보험료를 부담할 여력이 없는 빈곤 계층도 사회 보장의 혜택을 누릴 수 있도록 국가가 최소한의 생활을 보장하고 자립을 지원하는 '공공 부조', 사회적 취약 계층에게 상담, 재활, 직업 소개 등의 서비스를 제공하는 '사회 서비스' 등이 있다. 그리고 장애인들의 취업을 돕는 '장애인 의무 고용제'가 있는데, 이것은 일정 규모 이상의 근로자를 고용하는 사업주가 그중 일부를 장애인으로 고용하게 하는 제도이다. 또한 경제 불균형을 시정하기 위한 제도로 누진세제 등을 들 수 있다. 누진세(累進稅)는 경제력의 격차를 불러오는 소득 간 불평등을 줄이기 위한 제도로, 고소득자에게는 높은 세금을 매기고 저소득자에게는 낮은 세금을 거두자는 의도에서 능력에 따른 부담을 원칙으로 하여 실시되었다.

그러나 이렇게 제도적 장치를 마련하려 애쓰고 있음에도 우리 사회의 복지 지수는 아직 선진국보다 낮은 것으로 평가된다.

많은 사람들이 마음 아파했던 '송파 세 모녀' 사건을 보면 복지 제도의 현주소를 알 수 있다. 서울 송파구의 지하 셋방에서 살던 세 모녀는 질병을 앓는 데다 수입도 없는 상태였지만 국가와 자치 단체가 구축한 어떤 사회 보장 체제의 도움도 받지 못했다. 이들은 2014년 2월 마지막 집세와 공과금 70만 원, 그리고 미안하다는 내용의 유서를 남기고 세상을 떠났다. 안타깝게도 우리 사회의 복지 체계가 전혀 작동하지 못한 것이다. 이 사건은 우리 사회의 복지 제도 전반을 되돌아보고 사회적 약자에 대한 전 국민의 관심을 일깨우는 계기가 되었다.

한편, 공간 불평등을 해결하기 위한 방법으로 '지역 격차 완화 정책'이 있다. 국토의 균형 있는 발전을 위해 공기업과 공공 기관을 지방으로 이전하거나 그 지역의 특성에 맞는 산업을 육성하여 일자리를 만들려는 노력이 이에 해당한다. 2004년 당시 노무현 대통령은 국토를 균형 있게 발전시키고, 정치·행정·문화·경제 등이 수도권에 집중된 문제점과 인구 과밀화를 억제해 보겠다는 정책적 대안으로 수도를 현재의 세종시로 옮기는 방안을 추진했다. 그러나 야당의 반대와 헌법 재판소의 위헌 판결로 '행정 중심 복합 도시'로 축소 건설하는 것으로 결정되었다. 또한 공공 기관을 이전 수용하여 기업, 대학, 연구소, 공공 기관 등이 서로 긴밀하게 협력할 수 있는 혁신 여건과 수준 높은 주거·교육·문화 등의 생활 환경을 갖추도록 개발하는 미래형 도시인 '혁신 도시' 등도 지역 격차를 완화하기 위한 정책이다.

이 밖에도 대학 신입생을 뽑을 때 지역 간 불균형 현상을 바로잡기 위한 '지역 균형 선발 제도'가 있다. 이는 대학 신입생을 내신 위주로 선발하여 교육 환경이 뒤떨어진 지방 학생들이 학업 여건이 좋은 대도시 수험생들과 동일한 조건에서 경쟁할 수 있게 함으로써 사회적 약자를 우대하는 정책이다.

나주의 광주 전남 공동 혁신 도시에는 14개 공공기관이 이전했다. 혁신 도시는 지역 격차를 완화하기 위한 정책이다.

14.
사회 불평등을 해소하기 위해 어떤 노력을 할 수 있을까?

흔히 연예인이라고 하면 화려한 조명과 카메라 플래시를 받으며 인기를 누리는 사람으로만 생각하기 쉬운데, 최근에는 팬들에게서 받은 사랑을 사회에 다시 돌려주는 훌륭한 일을 하는 연예인과 그 팬클럽도 많이 볼 수 있다. 아프리카나 동남아시아 등 빈곤 국가를 찾아 학교와 우물 등을 만들어 주거나 빈곤 아동들과 결연을 맺고 후원해 주는 모습은 이제 더 이상 낯설지 않은 풍경이다. 국내에서도 배고픈 이에게 따뜻한 밥 한 끼를 전하는 '사랑의 밥차' 활동이나 추운 겨울 불우 이웃에게 연탄을 전달하는 후원 활동은 익숙한 선행 목록이 되었다.

가수 이승철이 아프리카의 최빈국 차드에 학교를 짓고 주민들과 기쁨을 나누고 있다.

봉사하는 데는 일반인과 연예인의 차이가 없지만, 연예인들의 노력이 중요한 가치가 있는 이유는 팬들을 비롯한 일반인들에게 미치는 파급 효과가 무척 크기 때문이다. 우리 사회의 불우한 계층에게 실질적인 도움이 되는 것은 물론이고 가난한 이웃을 단지 '도움의 대상'이 아니라 '함께 잘 살아야 할 이웃'으로 생각하게 하는 것도 이런 행동들 덕분이다.

한편 일반 시민들도 사회 불평등을 줄이기 위해 많은 노력을 기울이는데, 첫째로 경제적 활동을 들 수 있다. 나에게 경제적인 여유가 있건 없건 나보다 못한 사람들을 위해서 기부에 나서는 일이다.

둘째는 재능 기부이다. 예를 들어 내가 가르쳐 줄 능력이 된다면 환경이 불우한 학생들을 위해 지식을 기부하고, 미술에 재능이 있다면 낙후된 지역에 있는 집들에 벽화를 그려서 환경을 산뜻하게 만들 수도 있다.

셋째는 신체 활동을 통한 기부로, 어려운 형편에서 병마와 싸우는 불우한 이웃을 위해 헌혈을 할 수 있으며, 고독한 생활을 이어 가는 독거노인들을 위해 반찬 나르는 봉사를 하거나 말벗이 되어 줄 수도 있다.

이와 같이 사회적·공간적 불평등을 줄이기 위한 방법에는 개인의 노력과 사회적·제도적 차원의 노력이 있으며, 이 모든 것들은 기본적으로 사회적 불평등이 가져올 부정적인 결과를 막기 위한 것이다.

사회적 불평등은 심리적인 박탈감을 안겨 주고 범죄로까지 이어질 수 있으며 구성원 간의 연대감을 떨어뜨려 사회적 통합을 저해하게 된다. 그리하여 불평등은 사회적 갈등을 불러오고 빈곤층의 확대는 경제적 효율성을 떨어뜨려 국가 경제 전체를 침체에 빠뜨리기도 한다. 사회 불평등을 해결해야 하는 이유가 여기에 있다.

7 알록달록 무지갯빛!
문화 속의 삶,
삶 속의 문화

문화와 다양성

♦ 왜 지역마다 다른 문화가 나타날까?

♦ 문화권이란 무엇일까?

♦ 문화 변동이란 무엇일까?

♦ 문화 사대주의와 자문화 중심주의는 무엇이 문제일까?

♦ 전통문화를 어떻게 계승해야 할까?

♦ 보편 윤리에 대한 성찰이 왜 필요할까?

♦ 다문화 사회의 긍정적 측면과 부정적 측면은 무엇일까?

식사할 때 우리는 숟가락과 젓가락을 사용하지만 손가락을 사용하는 문화권도 있습니다. 과연 이들은 야만적이고 비위생적인 걸까요? 우리말에는 높임말이 있지만 다른 언어에는 높임말이 없는 경우가 많습니다. 그럼 이들은 예의가 없는 걸까요? 세계에는 다양한 민족과 문화가 있습니다. 이들은 서로 다른 환경과 역사 속에서 '다른' 문화를 이룩했을 뿐이지, '틀린' 문화를 가진 것은 아닙니다.

이 장에서는 세계의 다양한 문화를 살펴보고, 이 문화들이 어떻게 변해 왔는지, 또 그 문화들이 현대에 어떻게 계승되고 있는지 알아봅니다. 그리고 다문화 사회에서 각각의 문화를 어떻게 이해하고 받아들여야 옳은지, '잘못된 문화'라는 것이 과연 존재하는지, 이런 다양한 문화를 우리 사회에 어떻게 받아들여야 바람직할지 등을 생각해 봅니다.

15.
지역마다 다른 문화가
나타나는 이유는?

- 문화권의 형성

인도인은 맨손으로, 영국인은 포크와 나이프로 식사를 한다. 영국인은 손으로 음식을 먹는 인도인을 야만스럽다고 할지 모르지만, 인도인은 오히려 식사할 때 왼손을 쓰는 영국인을 야만인이라고 할 수도 있다. 사실 옛날에는 모두 손으로 음식을 먹었다. 유럽에서도 일반인들이 포크와 나이프를 쓴 것은 그리 오래된 일이 아니다. 중세에 이탈리아 일부 지역에서 포크를 썼다는 기록이 있지만 본격적으로 쓴 것은 프랑스 혁명 이후이다. 혁명으로 귀족 사회가 무너지자 일부 귀족이 자신을 평민들과 차별화하려고 쓰기 시작했고, 그 뒤 일반인들에게 펴졌다고 한다. 이처럼 세계에는 다양한 식사 문화가 있다.

인사 문화는 또 어떤가? 우리나라에서 허리를 굽히며 "안녕하세요?"라고 하면 아무 탈 없이 편안하게 잘 지냈는지를 묻는 것이다. 그런데 티베트 사람들은 인사할 때 혀를 내민다. 이는 '나는 악마가 아니야.'라는 뜻을 담고 있다. 티베트 사람들은 악마는 머리에 뿔이 있고 혀가 없다고 믿기 때문에 악마가 아니라는 걸 증명하기 위해 이렇게 인사를 나누는 것이다. 이런 독특한 인사 문화는 아프리카 동부 지역에 사는 마사이족에게서도 찾아볼 수 있다. 그들은 인사할 때 얼굴에 침을 뱉으며 "소파이!"라고 한다. 만약 아프리카 여행 중 마사이족 사람을 만났는데 상대방이 내 얼굴에 침을 뱉는다면 얼마나 당황스러울까! 그러나 '소파이'는 물이 풍족하기를 바란다는 뜻이다. 마사이족이 사는 지역은 물이 부족하기 때문에 몸속의 침도 귀하게 여기는데, 침을 뱉는 행동은 귀한 것을 함께 나눈다는 의미를 담고 있다.

이처럼 지역마다 서로 다른 문화가 나타나는 이유는 무엇일까? 인간은 자신을 둘러싼 환경에 적응하거나 힘든 여건을 극복하며 살아간다. 그 과정에서 지역에 따라 독특한 종교와 언어, 의식주 등의 생활 양식이 생겨났다. 이렇게 인간이 환경에 적응하는 과정에서 만들어진 종교, 언어, 의식주, 관습 등의 생활 양식을 문화라고 한다. 문화는 사람들 사이에서 오랜 시간에 걸쳐 그 지역의 독특한 자연환경과 인문 환경의 영향을 받아 만들어졌다. 따라서 각 지역의 환경이 다른 것처럼 문화도 지역마다 다양하게

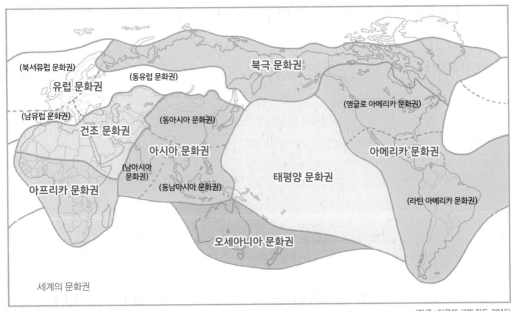

세계의 문화권

(자료 : 디르케 세계 지도, 2015)

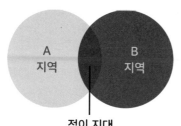

점이 지대
(A와 B의 성격이 혼재하는 지역)

나타난다.

자연환경이 비슷하거나 거리가 가까운 지역 사이에서는 비슷한 문화가 발달하는데 종교, 언어, 의식주, 관습 등의 문화 요소가 비슷하게 나타나는 공간적 범위를 문화권이라고 한다. 문화권은 오랜 기간 동안 비교적 넓은 범위에 걸쳐 형성된다. 그리고 한 문화권에서는 종교, 언어, 의식주 등의 생활 양식이 비슷하고 그 지역만의 독특한 문화 경관이 나타난다.

일반적으로 문화권의 경계는 주로 산맥이나 하천, 사막 같은 뚜렷한 자연 조건에 따라 구분된다. 예를 들어 북부 아프리카를 포함하는 건조 문화권과 중남부 아프리카에 해당하는 아프리카 문화권은 사하라 사막을 경계로 나뉜다. 사하라 사막이라는 메마르고 척박한 땅이 장벽이 되어 각기 다른 문화권을 형성하는 데 영향을 끼친 것이다.

한편 사하라 사막 지역에서는 양쪽 문화권의 종교, 언어, 의식주, 생활 양식 등이 섞여 나타난다. 특히 두 문화권이 겹치는 지역에 있는 차드, 니제르, 수단 같은 나라가 그러하다. 이 지역은 건조 기후에서 열대 기후로 넘어가는 기후이다. 흑인과 아랍 민족이 함께 어울려 살고, 이슬람교와 기독교, 아프리카의 토속 신앙 등이 혼재되어 나타난다. 언어도 아랍어와 아프리카 언어, 유럽어가 함께 사용되고 있다.

이처럼 지리적 특성이 각기 다른 문화권이 만나는 경계부에는 두 문화권의 여러 문화 요소가 뒤섞여 나타나기도 하는데, 이런 지역을 '점이 지대'라고 한다.

16.
문화권은 어떻게 구분할까?

우리나라는 어느 문화권에 해당할까? 종교로는 유교나 불교 문화권에 가깝고, 언어로는 한자 문화권, 식사 도구로는 젓가락 문화권에 포함된다.

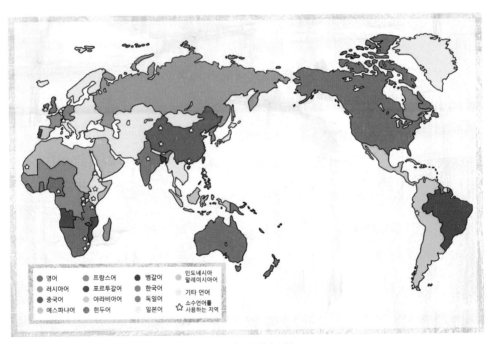

● 영어	● 프랑스어	● 벵갈어	● 인도네시아 말레이시아어
● 러시아어	● 포르투갈어	● 한국어	기타 언어
● 중국어	● 아라비아어	● 독일어	☆ 소수언어를 사용하는 지역
● 에스파냐어	● 힌두어	● 일본어	

언어에 따른 문화권 구분

이와 같이 문화권은 보통 종교나 언어, 의식주, 관습 등의 요소에 따라 구분할 수 있다.

세계는 종교를 기준으로 기독교 문화권, 이슬람교 문화권, 불교 문화권, 힌두교 문화권 등으로 구분하고, 언어를 기준으로 영어 문화권, 중국어 문화권, 에스파냐어 문화권 등으로 구분한다. 또한 무엇을 주식(主食)으로 하느냐에 따라 쌀 문화권, 밀 문화권, 옥수수 문화권 등으로 구분하기도 한다.

주식이 아닌 다른 식재료가 기준이 될 수도 있다. 예를 들어 돼지고기 소비 여부에 따라 문화권이 나뉠 수도 있는데, 중국이나 대부분의 유럽 국가들은 돼지고기 소비가 많은 편이다. 그렇지만 서남아시아와 북부 아프리카 등이 포함된 건조 문화권 지역에서는 돼지고기를 먹지 않는다. 이 지역에서는 이슬람교의 교리에 따라 돼지고기 먹는 것을 금기시하기 때문이다. 물을 구하기 힘든 기후 조건에서는 체온을 조절하기 위해 물을 필요로 하는 돼지를 키우기가 어렵기 때문에 돼지를 불결한 동물로 여기면서 먹기를 꺼리는 문화가 자연스럽게 형성된 것이다.

그런가 하면 문화권 구분에 두 가지 이상의 다양한 요소를 복합적으로 적용하기도 한다. 예컨대 세계를 아시아 문화권, 유럽 문화권, 건조 문화권, 아메리카 문화권, 아프리카 문화권 등으로 구분하는 것이다. 예를 들어 건조 문화권은 건조 기후의 특징이 잘 나타나면서 이슬람교를 믿는 사람들이 대부분이고 아랍어를 사용하는 나라와 아랍 민족의 비중이 높은 지역이다.

문화권은 고정된 것이 아니라 인구의 이동, 문화의 전파 등으로 인류와 함께 끊임없이 변화해 왔다. 보통 하나의 문화권에서는 비슷한 문화적 특

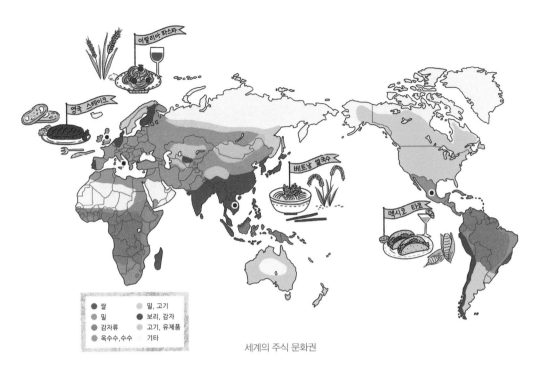

세계의 주식 문화권

징과 삶의 방식이 나타나지만 한 문화권 안에서도 조금씩 차이가 난다. 예를 들어 동아시아 문화권에 속하는 한국, 중국, 일본은 계절풍의 영향을 받아 벼농사가 발달하여 쌀을 주식으로 하며, 젓가락 문화가 발달했다. 그런데 중국에서는 둥글고 큰 식탁 가운데에 놓인 음식을 덜어 먹을 수 있도록 긴 젓가락을 사용하는 반면, 생선 요리가 많은 일본에서는 생선 가시를 발라내는 데 편리하도록 짧고 뾰족한 젓가락을 사용한다. 그런가 하면 우리나라에서는 반찬을 집기에 편리하도록 중국과 일본의 중간 정도 되는 길이의 젓가락을 사용한다.

이처럼 하나의 문화권에 속한다 해도 각 나라의 고유한 특성과 조건 등에 따라 서로 다른 모습으로 발전한다. 그만큼 복잡하고 다채로운 것이 문화의 특징이라고 할 수 있다.

17.
자연환경과 인문 환경은 문화권 형성에 어떤 영향을 주었을까?

그리스의 산토리니처럼 유럽 문화권에 속하는 남유럽에는 유달리 흰색 가옥이 많다. 지중해 주변 지역은 여름이 고온 건조하며 햇볕이 강하기 때문에, 햇살을 반사시켜 기온을 낮추기 위해 가옥의 벽을 흰색으로 칠하는 것이다. 마찬가지로 이 지역의 여름은 건조하기 때문에 이런 기후 환경에 잘 자라는 올리브와 포도 등을 재배하는 농가가 많다. 음식을 만들 때 올리브의 잎과 열매는 없어서는 안 될 중요한 재료가 되었고, 식사할 때 포도주를 곁들이는 문화가 자연스럽게 형성되었다. 이처럼 남부 유럽 문화권만의 독특한 의식주 문화가 형성되는 데는 기후와 같은 자연환경이 많은 영향을 끼쳤다.

그렇다면 종교와 같은 인문 환경은 문화권이 형성되는 데 어떤 영향을 끼칠까? 모스크는 이슬람교 신자들이 예배하는 사원으로, 이슬람교를 믿

는 지역에서는 모스크를 많이 볼 수 있다. 미얀마와 캄보디아 등의 동남아시아 불교 국가에서는 '파고다'라고 하는 여러 층으로 높이 쌓아 올린 불탑, 다양한 모습의 불상과 사찰, 스님들이 마을이나 거리를 다니면서 음식을 얻는 '탁발'의 모습을 볼 수 있다. 기독교 문화권 지역에서는 십자가와 같은 종교 경관을, 힌두교 문화권 지역에서는 사원 건축물에 각양각색의 신들의 모습을 조각한 독특한 경관을 볼 수 있다. 이처럼 종교는 다른 문화권과 구분되는 그 지역만의 독특한 문화 경관을 만들어 낸다. 또한 종교는 주민들의 생활 양식에 큰 영향을 끼친다. 힌두교

종교는 다른 문화권과 구분되는 문화 경관을 만들어 낸다. 술탄 아흐메드 모스크(터키 이스탄불)와 쉐다곤 파고다(미얀마 양곤)

문화권에서는 쇠고기를, 이슬람 문화권에서는 돼지고기를 먹지 않으며 다른 동물도 반드시 정해진 방식대로 도살한 것만 먹는다.

인문 환경의 하나인 산업도 문화권과 관련이 깊다. 농경 중심의 문화권에서는 농사를 짓기 위해 정착 생활을 하고, 많은 노동력이 필요하기 때문에 협동 노동이 이루어져 공동체 문화가 발달한다. 반면 유목이 중심을 이루는 문화권에서는 가축을 기르기 위해 이동 생활을 하며, 의복과 음식,

가옥의 재료도 대부분 가축에게서 얻는다.

　이란, 이라크, 사우디아라비아, 아랍에미리트 등이 포함된 건조 문화권에서는 여성들이 대개 신체의 대부분을 가리는 복장을 하고 다닌다. 우리가 보기에는 불편할 것 같은데, 이들이 이런 복장을 하고 다니는 데에는 이유가 있다. 건조 문화권 지역은 강수량이 적고 일 년 내내 뜨거운 햇볕이 내리쬐는 지역이다. 따라서 햇볕을 차단하고 몸의 수분 증발을 막으며 통풍을 원활하게 하려면 온몸을 감싸면서 몸에 붙지 않는 헐렁한 옷이 필요했을 것이다. 또 건조 문화권 사람들은 대부분 이슬람교를 믿는데, 이슬람교 경전인 코란에서는 "여성은 가족 이외의 남성에게 신체를 보이면 안 된다."라고 규정하고 있다. 그래서 많은 이슬람 여성들은 자기 집을 제외한 다른 장소에서는 신체의 대부분을 가리는 옷을 입는다. 이렇듯 의복 하나에도 기후와 종교, 즉 자연환경과 인문 환경이 복합적으로 영향을 주고 있다.

　문화권은 기후·지형 같은 자연환경과 종교·산업 같은 인문 환경이 오랫동안 서로 작용하여 만들어진 것으로, 그 지역 사람들의 생활 방식이나 사고방식을 이해하는 중요한 단서가 된다.

18.
두 문화권 이야기 ①
- 아시아 문화권과 유럽 문화권

　세계의 여러 문화권 중 아시아 문화권과 유럽 문화권은 자연환경뿐만 아니라 사람들의 생김새, 사용하는 언어, 의식주, 종교와 민족, 그리고 농업 방식까지 매우 대조적이다.

　아시아 문화권은 유라시아 대륙의 동남부에 위치해 있다. 대부분 계절 풍의 영향을 많이 받으며 쌀 생산이 많은 지역이다. 아시아 문화권은 자연 환경뿐 아니라 언어와 민족 등이 매우 다양하여 동아시아 문화권, 동남아시아 문화권, 남아시아 문화권으로 나누어 설명할 수 있다.

　한국, 중국, 일본 등이 포함된 동아시아 문화권은 유교와 불교의 영향을 많이 받았고, 젓가락을 사용하며, 자신들만의 고유 언어가 있으면서도 모두 한자를 사용한다는 공통점이 있다.

　인도차이나반도와 말레이반도, 그리고 수많은 섬이 있는 동남아시아 문화권은 인도양과 태평양을 잇는 교통의 요지에 있어 예부터 중국과 인도, 서남아시아, 유럽 등의 문화가 흘러들면서 종교와 언어, 인종 등이 복잡하게 나타난다.

　마지막으로 인도를 중심으로 파키스탄, 네팔, 스리랑카, 방글라데시 등이 있는 남아시아 문화권은 불교와 힌두교가 발생한 곳으로, 세계에서 힌

두교 신자가 가장 많지만 이슬람교를 믿는 사람도 많다. 영국의 식민 지배를 오랫동안 받아 영어를 사용하는 지역이 많으며, 민족과 종교 등의 갈등에서 비롯된 분쟁이 아직도 곳곳에서 일어나고 있다.

유럽 문화권은 유라시아 대륙 서쪽에 있다. 산업 혁명을 통해 세계에서 가장 먼저 산업화를 이루고 자본주의 사상이 싹튼 지역이다. 또한 기독교가 생활에 큰 영향을 끼치고 있으며, 영어·프랑스어·독일어 등 인도·유럽 어족에 속하는 언어를 주로 사용한다. 유럽 문화권은 자연환경과 인문환경의 차이에 따라 북서유럽 문화권, 남유럽 문화권, 동유럽 문화권으로 나뉜다.

영국, 독일, 스칸디나비아 3국, 베네룩스 3국˙ 등이 포함된 북서유럽 문화권은 유럽 내에서도 가장 먼저 산업화가 이루어진 곳이다. 기독교 중 개신교를 주로 믿으며, 유럽의 다양한 민족 중 게르만족의 비중이 높다. 신항로를 개척한 뒤 이들 지역의 문화는 앵글로아메리카와 오세아니아 등지로 전파되어 많은 영향을 주었다.

그리스, 이탈리아, 그리고 에스파냐와 포르투갈이 포함된 남유럽 문화권은 고대 그리스·로마 문명의 발상지이며 기독교 중 가톨릭의 비중이 높고 라틴족이 많이 살고 있다. 여름이 고온 건조한 기후 특징을 활용하여 포도, 오렌지, 코르크 등을 재배하는 수목 농업이 발달했고, 고대 문명 유적이 많아 관광 산업도 발달했다.

마지막으로 체코, 헝가리, 슬로베니아, 러시아 등이 포함된 동유럽 문화권에서는 동방 정교회, 가톨릭 등을 믿는다. 슬라브족을 중심으로 다양한 민족들이 살고 있는 이 지역은 다른 유럽 지역보다 민족은 물론 종교, 언어 등이 매우 복잡하여 지금도 분쟁과 갈등이 이어지고 있으며 정치적으로 불안정한 지역도 있다.

● 스칸디나비아 3국, 베네룩스 3국 : 스칸디나비아 3국은 북유럽의 스칸디나비아반도에 속한 노르웨이, 스웨덴, 핀란드를 일컫는 말이다. 베네룩스 3국은 벨기에, 네덜란드, 룩셈부르크의 머리글자를 따서 붙인 명칭이다.

19.
두 문화권 이야기 ②
- 건조 문화권과 아프리카 문화권

세계에서 가장 큰 사막인 사하라 사막의 면적은 약 940만 제곱킬로미터로 한반도의 40배가 넘는다. 사하라 사막은 낮에는 기온이 50℃까지 올라가지만 밤에는 영하 7℃까지 떨어질 만큼 일교차가 크며, 1년에 비가 100밀리미터도 오지 않는 지역이 대부분이어서 사람이 살기에 매우 불리하다. 이렇게 혹독한 자연환경을 가진 사하라 사막은 인간이 쉽게 접근할 수 없어서, 건조 문화권과 아프리카 문화권을 구분하는 자연적 경계가 되었다.

사하라

건조 문화권은 고비 사막에서 중앙아시아와 서남아시아를 거쳐 북아프리카에 이르는 지역에 형성되어 있다. 이 문화권은 기독교와 이슬람교의 발상지이며, 메소포타미아 문명과 이집트 문명 같은 고대 문명이 시작된 지역이기도 하다. 이 지역 사람들은 대부분 사막과 짧은 풀이 자라는 초원에서 오아시스를 중심으로 밀과 대추야자 등을 재배하거나 목초지를 찾아 양, 낙타 등의 가축을 몰고 이동하는 유목 생활을 했다. 또한 이 지역에는 이슬람교 경전인 코란의 교리대로 살아가는 사람이 많다. 그런데 이 지역에 석유와 천연가스 등이 생산되어 소득이 늘어나고 도시화가 진행되면서 예전의 의식주 문화와 유목 같은 전통 산업이 점차 사라지고 있다.

사하라 사막 이남의 중부와 남부 아프리카 지역을 포함하는 아프리카 문화권은 민족(종족)과 언어, 종교가 다양하며, 대부분 열대 기후이다. 아프리카 문화권은 거의 모든 지역에서 흑인의 비중이 월등히 높으며 부족 단위로 사용하는 언어만 수천 가지가 넘는다. 또한 특정한 사물에 영혼이 있다고 믿거나 동물 또는 식물을 신성시하는 원시 종교가 발달했다. 그리고 이들 지역에서는 오랜 세월 동안 부족 단위로 공동체 생활을 했기 때문에 통합된 문화 유형이 나타나지 않는다. 그런 상태에서 서구 열강의 식민지가 되면서 아프리카 문화권 지역의 언어, 종교, 민족 구성 등은 더욱 복잡해졌다.

현재 이 지역에서는 옛날보다 고유 언어를 사용하는 비중은 줄어들고 식민 지배를 했던 서구 열강의 언어가 사용되거나 혼재된 경우가 많다. 또한 기독교, 이슬람교 등 주요 종교의 영향이 커져 원시 종교를 믿는 비중이 차츰 줄어드는 추세이다.

특히 아프리카 문화권에서는 서구 열강의 오랜 식민 지배에 따른 후유증 때문에 민족과 종교 등을 놓고 갈등과 분쟁이 많이 일어나고 있다. 한예로, 1994년 르완다에서는 국제사회의 방관 속에 르완다 학살이 일어났다. 오랫동안 르완다를 식민 지배한 벨기에가 다수의 후투족을 차별하고 소수의 투치족을 지원하면서 두 종족을 분열시켰는데, 이런 감정이 쌓여 폭발하면서 100만 명에 가까운 사람들이 학살당하는 엄청난 비극이 일어난 것이다.

건조 문화권과 아프리카 문화권은 둘 다 인간이 거주하기에는 자연 조건이 다소 불리한 편이다. 또한 민족과 종교 등을 둘러싼 갈등과 전쟁 때문에 주민들이 기아와 질병으로 고통받으며 많은 난민이 발생하고 있다. 그러나 두 문화권 모두 인류와 문명의 오랜 역사가 시작된 곳으로 인구와 자원 등이 풍부하여 잠재력이 큰 지역이다.

20.
두 문화권 이야기 ③
– 아메리카 문화권과 오세아니아 문화권

전통 춤을 추는 애버리지니. 오스트레일리아의 가르마 축제

아메리카 원주민 가족, 1899년

　2017년 현재 아메리카 원주민은 미국 전체 인구의 약 1퍼센트를 차지하고, 오스트레일리아의 원주민인 애버리지니는 오스트레일리아 전체 인구의 약 2퍼센트를 차지하고 있다. 아메리카나 오스트레일리아의 원주민은 대부분 가난하며, 평균 수명도 백인들보다 짧다. 오늘날 이곳은 유럽계 백인의 주 무대가 되었으며, 원주민 문화보다는 유럽 문화의 영향을 많이 받고 있다.

　16세기 이후 유럽인들은 아메리카와 오세아니아 등지로 진출해 그곳에

아메리카 문화권

살던 원주민을 몰아내거나 부참히 학살하고, 이 지역을 자신들의 식민지로 만들었다. 유럽인들은 이곳에 또 다른 유럽을 건설하려 들었으며, 자신들의 종교와 언어 등을 이식했다. 이에 따라 아메리카와 오세아니아에서 원주민 고유의 문화는 점점 쇠퇴하고 유럽 문화가 자리 잡게 되었다. 그 후 몇백 년에 걸쳐 세계 각지에서 다양한 이주자들이 모이고 섞이면서 아메리카 문화권과 오세아니아 문화권만의 독특한 색깔을 띠게 되었다.

아메리카 문화권은 지역의 범위가 넓고 다양한 기후가 나타난다. 그래서 캐나다와 미국을 포함한 앵글로아메리카 문화권, 브라질과 아르헨티나 등을 포함한 라틴 아메리카 문화권으로 구분된다. 아메리카 문화권은 아프리카에서 이곳 광산이나 농장으로 끌려온 아프리카 흑인들의 문화적 영향도 크게 작용했다.

앵글로아메리카 문화권은 리오그란데강 북쪽 지역으로, 예전에 북서 유럽의 식민 지배를 받아 영어를 사용하고 개신교의 비율이 높다. 현재 앵글로아메리카 문화권 지역은 세계 경제의 중심지 역할을 하고 있으며, 세계적인 농축산물 수출 지역이기도 하다.

한편 라틴 아메리카 문화권은 리오그란데강 남쪽 지역으로, 옛날에 남유럽의 식민 지배를 받아 에스파냐어·포르투갈어 등을 주로 사용하며, 가톨릭교를 많이 믿는다. 현재 이 지역은 주민 구성이 매우 복잡하다. 백인, 흑인, 원주민뿐 아니라 이들 사이에 태어난 혼혈의 비중이 높고 다양한 문화가 섞여 독특한 문화를 이루고 있다.

오세아니아 문화권은 오스트레일리아와 뉴질랜드, 그리고 태평양의 수많은 섬들로 구성되어 있다. 이곳은 다른 문화권보다 인구가 적고 상대적으로 개발이 덜 돼 자연환경이 잘 보존되어 있다.

오스트레일리아는 본래 애버리지니, 태즈메이니아인 등의 원주민이 살던 곳이었지만 영국을 중심으로 하는 유럽인들이 대거 이주해 오면서 원주민 문화는 거의 사라지거나 조금밖에 남아 있지 않은 상태이다. 그러나 원주민인 애버리지니가 겨우 2퍼센트 남아 있는 오스트레일리아와는 달리 뉴질랜드는 인구 470만 명 가운데 15퍼센트가 원주민인 마오리족이다. 마오리족 공동체의 교육 수준이나 소득은 여전히 전체 평균보다 낮은 편이지만, 이들의 정치적 영향력은 무시할 수 없는 상황이다. 현재 오세아니아 문화권 지역에 살고 있는 주민들은 대부분 개신교를 믿고 영어를 사용한다.

오세아니아 문화권

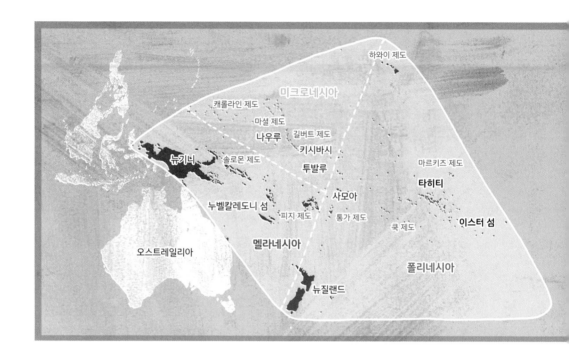

태평양 문화권이란? 🐦

태평양 문화권 지역에는 약 1만 개가 넘는 크고 작은 섬이 있으며 폴리네시아, 멜라네시아, 미크로네시아로 구분할 수 있다. 미크로네시아는 '작은 섬들', 멜라네시아는 '긴 섬들', 폴리네시아는 '많은 섬들'이라는 뜻이다. 이 지역 주민들은 주로 어업과 농업에 종사하며 생활해 왔지만, 최근 교통과 관광 산업이 발달하면서 아름다운 자연 경관을 찾는 사람들에게 관광지로 각광받고 있다. 이 지역은 20세기 들어 미국과 일본을 비롯해 유럽 열강의 식민 지배로 많은 시련을 겪었으며, 오늘날에는 지구 온난화가 진행되면서 해수면이 상승해 국가의 존폐를 넘어 생존 위협에 맞닥뜨린 나라도 생겨나고 있다.

21.
문화 변동이란 무엇일까?

1980년대 사회의 모습을 비추어 사람들의 향수를 자극하며 큰 인기를 모은 텔레비전 드라마가 있었다. 검은색 교복, 버스 탈 때 쓰던 회수권, 교실의 난로, 구식 공중전화 등 요즘은 찾아볼 수 없는 그 시대의 모습들은 우리에게 아련한 감상을 남기면서, 한편으로는 사회의 모든 문화는 끊임없이 변해 간다는 바뀌지 않는 진리를 가르쳐 주기도 한다. 문화를 구성하는 요소들이 새로운 기술, 가치, 규범 등의 등장으로 빠르게 변해 가는 것이다.

조선 시대의 미인도를 보면 얼굴이 복스럽고 턱은 둥글며 눈은 가늘고 눈썹이 가지런한 모습이다. 여러 풍속화에 그려진 여성들의 얼굴 또한 비슷하다. 그러나 현대의 미인은 하얀 피부에 갸름한 얼굴, 오뚝한 콧날, 큰 눈에 긴 속눈썹, 도톰한 입술

조선시대의 미인도(부분), 신윤복

에다 긴 다리 등 시구적으로 바뀌었다. 미인의 기준은 왜 이렇게 바뀌었을까?

문화는 늘 변하는데, 여기에는 두 가지 이유가 있다. 첫째는 한 사회가 다른 사회와 교류하면서 기존의 문화 요소가 새로 흘러든 요소와 상호 작용하며 변화하기 때문이다. 즉, 한 사회의 문화가 다른 문화와 접촉하면서 새로운 문화 요소가 '전파'되어 바뀌는 것이다.

둘째는 문화가 '발견'과 '발명'이라는 과정을 통해서도 변화하기 때문이다. 발명이란 새로운 문화 요소를 만들어 내는 것이며, 발견이란 존재하지만 아직 알려지지 않은 것을 찾아내는 것을 말한다. 예를 들면 현미경을 '발명'함으로써 미생물이나 바이러스를 '발견'하게 되었고, 그 덕분에 인류를 위협하던 질병을 다스릴 수 있게 되었다. 문화 영역에서도 마찬가지다. 전기나 전파를 '발견'함으로써 각종 전자 기기들을 '발명'하게 되었고, 우리에게 익숙한 라디오, 텔레비전, 컴퓨터나 휴대 전화 등을 통해 문화가 전달되는 것이다.

앞에서 말한 미인의 기준이 서구형으로 바뀐 것은 서구의 문화가 전파되어 사람들의 가치 기준이 바뀌면서 거기에 맞는 얼굴 형태로 미인의 개념이 바뀐 것이다. 이와 같이 문화는 인간이 만들어 내는 생활 양식이라는 점에서 우리의 선택에 따라 문화 변동의 양상이 바뀔 수 있다. 따라서 문화가 바뀌면 인간의 가치관도 바뀌고 인간이라는 존재의 가치도 달라지는 시대에 과연 어떤 문화를 만들어 나갈 것인지 우리 모두 고민해 봐야 한다.

22.
문화 동화는 무엇일까?

예부터 우리 조상들은 신체·머리털·살갗은 부모에게서 물려받은 것이기 때문에 훼손하지 않는 것이 효의 시작이라고 생각했다. 머리카락도 그대로 길러서 상투를 틀거나 쪽을 지어 올리거나 길게 땋아 내렸다. 그러나 조선 시대 말 고종이 '단발령'을 내려 상투를 없애면서 급속히 서구식 머리 모양으로 바뀌었으며, 이제는 상투를 틀거나 쪽 진 머리는 일상생활에서 거의 찾아볼 수 없다.

서구식 문물은 우리나라에 들어온 지 겨우 100여 년밖에 안 되지만 어느새 우리 사회 구석구석으로 파고들어 전통문화를 밀어내고 많은 자리를 차지하고 있다.

이처럼 다른 사회와 접촉하면서 문화가 전파되면 새롭게 등장한 문화 요소와 전통문화의 요소가 상호 작용을 한다. 이러한 상호 작용을 거쳐 기존의 문화가 외래문화에 완전히 흡수되어 해체되거나 소멸해 버리는 현상을 '문화 동화'라고 한다. 앞에서 말한 머리 모양을 비롯해 우리 사회에도 문화 동화의 사례가 여러 가지 있다.

1970년대에 새마을 운동의 일환으로 농촌 주택 개량 사업이 진행되고 도시에 아파트가 보급되면서 거의 자취를 감춘 우리 전통 가옥도 마찬가

시이나. 최근 들어 건강 열풍을 타고서 황토집 등 전통 가옥이 다시 인기를 끌고 있다고는 하지만 아파트나 서구식 주택이 우리 삶의 중심에 자리 잡은 현실은 부정할 수 없다.

사정이 이렇다 보니 문화 동화를 부정적으로 바라보아 우리 고유의 문화가 사라져 가는 현실을 아쉬워하며 구성원들의 정체성 상실을 걱정하는 목소리도 나온다. 그러나 한번 바뀐 문화적 흐름은 되돌리기 어려운 것이 사실이며, 사람들이 문화의 변화를 선택한 데에는 그럴 만한 이유도 있다.

한복이나 상투가 없어지고 아파트로 대변되는 서구식 주택 양식이 보편화한 현상 등은 모두 생활의 편리함을 추구하는 현대인의 사고방식과도 맞닿아 있다. 이제 와서 '전통문화를 되살리자!'는 구호를 외치는 것만으로 예전 생활 방식으로 돌아가기 어려운 이유가 여기에 있다. 그렇다고 외래문화를 무분별하게 받아들일 것이 아니라, 우리 전통문화의 소중함을 간직하고 이를 이어 나가는 노력이 당연히 필요하다.

23.
문화 융합은 무엇일까?

햄버거는 독일의 도시 함부르크(Hamburg)에서 유래한 이름으로, 19세기 미국의 노동자들 사이에서 유행하기 시작한 대표적인 패스트푸드이다. 우리나라에서는 1980년대부터 대중화하여 젊은이들을 중심으로 소비가 급격히 늘어났다. 이런 서양식 패스트푸드인 햄버거도 우리 음식 문화와 자연스럽게 결합했으니 그 대표적인 예가 '불고기 버거'이다. 불고기 버거는 이제 어느 햄버거 가게에서나 찾아볼 수 있는 메뉴가 되었고, 불고기를

불고기 핫도그

한식 코스 요리 메뉴

원형 그대로 넣은 불고기 핫도그는 미국 뉴욕에서도 인기 있는 상품이 되었다니 자긍심을 느낄 만하다.

본래 우리나라 전통 한식에서는 모든 음식이 한꺼번에 상 위에 올라간다. 그러나 최근에는 서양식 상차림처럼 샐러드나 죽으로 시작하여 주요리가 등장하고, 과일이나 식혜 등으로 마무리하는 한식 코스 요리가 많이 나왔다. 이 밖에 서양식 뷔페 음식점을 본떠 만든 한식 뷔페 전문점이 인기를 끄는 현상 등은 우리 음식 문화와 외래 음식 문화가 합쳐져 새로운 음식 문화가 탄생하는 과정을 잘 보여 준다.

위의 두 가지 사례처럼 한 사회의 기존 문화가 외래문화와 접촉하여 새로운 문화로 탄생하는 것을 '문화 융합'이라고 한다. 문화 융합은 한 사회의 구성원들이 전통문화를 바탕으로 외래문화의 요소를 해석하고 재구성하여 새로이 정착시킨다는 점에서 창조적인 문화 변동이라고 할 수 있다.

우리나라 절에서 많이 볼 수 있는 '산신각'이라는 건물도 문화 융합의 사례이다. 산신각은 불교가 우리나라에 들어오기 훨씬 전부터 존재했던 토속 신앙에 뿌리를 둔 것인데, 불교와 어우러져 자연스럽게 불교 문화의 일부가 되었다. 또한 서구식 침대 문화와 우리의 온돌 문화를 접목한 '돌침대', 우리의 전통 국악을 서양의 관현악과 접목한 '국악 관현악'도 대표적인 문화 융합의 예로 들 수 있다. 이와 같이 문화 융합은 한 사회의 고유한 문화적 전통을 잃지 않으면서 외래문화를 수용한다는 특성이 있다.

24.
문화 병존은 무엇일까?

인천에 있는 차이나타운은 1883년 인천항이 개항되고 이듬해 청나라 조계지(치외 법권이 보장되는 거류지)가 설치되면서 중국인들이 이민, 정착하여 그들만의 문화를 형성한 곳이다. 최근에는 역사적 의의가 깊은 관광 명소로 변화하고 있으며, 우리나라 최초의 짜장면 집으로 유명한 '공화춘' 등 여러 음식점이 중국의 맛을 이어 가고 있다.

한편 일본 오사카에는 우리나라 사람들이 모여서 생활하는 '코리아타운'이 있다. 교민들과 이곳을 찾는 한국인 여행객들은 고국에서와 같은 편안함과 동포애를 느낀다고

인천의 차이나타운

오사카의 코리아타운

한다. 현재 코리아타운은 일본을 비롯해 중국, 미국, 오스트레일리아 등지에 조성되어 있다.

이와 같이 다른 나라에서 이주해 온 주민들이 모여 살다 보면 해당 국가나 사회의 문화에 쉽사리 동화하지 않고 자신들의 고유한 문화 전통을 이어 가게 된다. 이렇게 기존 문화와 새로 흘러든 문화가 공존하는 현상을 '문화 병존'이라고 한다.

고국 사람들의 처지에서는 낯선 땅에서도 자신들의 고유 문화를 잃지 않고 살아가는 이들을 훌륭한 동포로 바라볼 것이다. 가끔 다큐멘터리 프로그램에서 한국을 잊지 않고 한글을 쓰며 살아가는 이민 2, 3세대의 모습을 보며 뿌듯해하는 것은 같은 동포의 처지에서는 어쩌면 당연한 일이기도 하다. 그런데 이런 태도를 바라보는 현지인들의 시각은 어떨까? 고유 문화를 지켜 가는 이주민들의 생각을 존중하여 공존할 수도 있지만, 그렇지 않으면 함께 살기 힘들 수도 있다. 또한 이주민들이 자신들의 고유한 문화에만 집착하는 모습을 보일 경우 새로운 문화 창조에 부정적인 영향을 끼칠 수 있다는 점도 문화 병존의 단점으로 지적된다.

25.
우리에게 전통문화란
무엇일까?

 한 나라에서 발생하여 오랜 세월 동안 전해 내려오는 고유한 문화를 전통문화라고 한다. 전통문화는 민족의 과거와 현재, 그리고 미래를 연결하는 수단이 된다. 또한 우리 민족과 국가의 대외적인 이미지를 높이는 데 기여할 수 있으며, 이를 바탕으로 부가 가치가 높은 문화 콘텐츠를 만들어 국가 경제를 발전시킬 수도 있기 때문에 전통문화의 중요성은 매우 크다.

 그럼 우리 전통문화는 어떻게 형성되고 이어져 왔을까?

 여러 사람이 논에 들어가 줄을 맞춰 모를 심는 모내기와 전통 놀이 가운데 하나인 줄다리기, 이 두 행사의 공통점은 무엇일까? 바로 혼자서는 하기 어렵고 공동체가 힘을 모아야 한다는 점이다. 넓은 논의 모를 혼자서 내려면 몇 날 며칠이 걸리는 데다 자칫 그 시기를 놓칠 수 있으며, 줄다리기 또한 승패가 한두 사람의 힘으로 결정되는 것이 아니기 때문에 구성원 모두의 노력이 필요하다. 그래서 우리는 예부터 농사일을 마을 공동체가 함께 돌아가며 해내고, 대보름이면 줄다리기나 지신밟기 * 등 협동이 필요

● **지신밟기** : 정월대보름에 하는 놀이로, 동네와 동네 집집의 지신(地神)을 밟아서 잡귀를 쫓아 연중 무사하고 복이 깃들기를 빈다.

마을 공동체가 함께 하던 모내기를 이제는 기계에
의존하여 혼자서 해낸다.

한 놀이를 하면서 공동체 의식을 높였다. 이것이 우리 전통문화의 근간이
되는 농경 문화의 대표적인 모습이다.

우리 전통문화의 근간을 이루는 또 다른 중요한 요소는 불교와 유교 문
화이다. 오늘날 남아 있는 많은 전통문화재는 불교와 관련이 있다. 불교 문
화는 연등제와 불교 음악 등을 통해서 오늘날까지 이어져 오고 있다.

한편, 이제는 형식적인 틀을 많이 벗어났지만 유교적인 전통도 관혼상
제에서 우리 일상에 이르기까지 영향을 끼치고 있다. 그중에서도 '충효'와
'장유유서'를 강조하는 사회 풍토는 현재까지도 구성원들을 규제하는 가
치이다.

그런데 우리 전통문화는 세계화와 도시화, 산업화의 영향으로 소멸될

위기에 놓여 있다. 앞에서 살펴본 농경 문화가 가장 많은 변화를 겪고 있다. 농업 기술의 발달로 모내기는 농기계에 의존하게 되었으며 농촌 인구의 감소, 특히 젊은 층의 도시 이주로 마을 단위의 놀이 문화가 자취를 감추고 있다. 마을 공동체의 일체감을 높이던 줄다리기도 이제는 학교 운동회에서나 볼 수 있는 놀이 정도로 명맥을 이어 가는 지경이다.

집안의 중요한 행사로 여기던 제사나 차례에서도 격식을 간소하게 하려는 경향이 커졌다. 그리하여 후손들의 편의를 고려하는 정도를 넘어 이제는 그 형식적인 지위마저 위협받는 형편이다.

따라서 이러한 현상이 전통문화의 단절로 이어짐은 물론 세대 간 단절과 함께 우리 민족의 정체성 상실로 이어지는 것이 아닌가 하는 우려를 자아낸다. 그런가 하면 그동안 지나치게 형식적인 면에 의존하고 허례허식에 가깝던 여러 가지 관행이 실속 있게 바뀌는 과정이라는 반론 또한 제기되고 있다.

분명한 것은 우리의 전통문화가 크게 바뀌고 있다는 사실이며, 그것이 바람직한 방향인지는 여러 세대가 의견을 나누고 토론을 거쳐 사회적 합의를 이루어야 할 것이다.

26.
전통문화를 어떻게 계승해야 할까?

설날은 추석과 함께 우리 민족 최대의 명절 중 하나이다. 그러나 설날이 본래 이름을 되찾기까지는 우리의 역사만큼이나 많은 수난을 겪었다.

1896년 1월 1일 조선이 태양력을 채택하고 나서도 우리의 전통 명절인 설날은 이어졌다. 그러나 일제 강점기에 일본은 우리나라의 전통문화를 말살하기 위해 세시 풍속마저 억압했는데, 그중 하나로 양력설을 강요했다. 해방 후 우리 정부가 들어섰지만 음력설과 양력설이 중복되어 불합리하다거나 시간적·경제적으로 낭비라는 점만 강조하며, 양력 1월 1일을 '신정'으로, 음력설은 '구정'으로 정한 뒤 신정만 공휴일로 지정했다. 그렇지만 정부에서 아무리 신정을 강요해도 국민들은 예부터 내려오는 설날을 명절로 여겼다. 설날은 급기야 '민속의 날'이라는 아주 궁색한 이름이 붙기도 했지만, 마침내 1989년 음력 정월 초하루부터는 본래 이름인 '설날'을 되찾았다.

이와 같이 전통문화는 오랜 세월 동안 우리 민족의 삶에 깃들어 뿌리내렸기 때문에 쉽게 사라지거나 억지로 소멸시키기 어렵다. 그러나 바로 그런 이유 때문에 급속히 변화하는 현대 사회에서 전통문화를 그대로 보존하고자 하는 태도는 '낡은 것을 옹호하는 태도'로 받아들여지기 쉽다. 그래서 '전통문화를 어떻게 계승해야 올바른 것일까?' 하는 질문이 제기되는 것이다.

요즘 인터넷에서는 여성용 '개량 한복'이 종종 눈에 띈다. 그런데 어떤 개량 한복은 전통문화 애호가들의 시각에서 볼 때 '저게 어떻게 한복인가?' 하는 의문을 품게 한다. 그러나 또 어떤 사람들은 바쁜 현대 생활에 전통을 계승하면서도 활동성을 높인 실용적인 한복'이라고 말할 수 있다.

과연 전통문화를 계승하는 데 있어서 어떤 태도가 바람직할까? 혼란스럽고 논란이 많은 문제는 이 밖에도 여러 가지가 있다. 예를 들어 초등학생들에게 한자를 가르치는 문제에 대해서 살펴보면 사교육 열풍에 대한 우려는 제쳐 두더라도 소중한 문화유산인 한글을 더 풍부하게 만드는 것이냐 망치는 것이냐 논란이 분분하다. 영어 조기 교육, 더 나아가 영어 혼용 문제도 마찬가지이다. 세계화에 발맞추는 어쩔 수 없는 선택이며 우리 문화의 질과 양을 풍부하게 만들 것이라는 긍정적인 평가와, 문화의 가장 중요한 도구인 우리 언어를 망가뜨리는 일이 될 것이라는 부정적인 평가가 맞부딪치고 있다.

몇 년 전 어느 패션 디자이너는 알파벳 대신 한글이 쓰인 옷을 디자인하여 신선한 충격을 주었다. 전통문화를 이어 가면서도 현대적인 감각을 살린 바람직한 시도로 평가할 만하다. 이런 시도를 통해 한글을 디자인 요소로 쓰는 것이 이제는 자연스러워 보이게

한옥을 개량한 게스트하우스

되었다. 이 밖에도 전통 가옥의 불편함을 해결하기 위해 현대식 부엌 구조와 보온 설비를 갖춘 개량 한옥을 개발해 보급하거나, 지방의 전통 가옥을 여행객들의 숙소로 제공하여 한옥의 소중함과 가치를 느끼게 하는 일 등은 우리 전통문화를 계승하려는 바람직한 노력들이다.

급변하는 시대에 전통문화가 그 의미를 이어 가기 위해서는 현대 사회에 창조적으로 접목하려는 노력이 필요하다.

27.
자문화 중심주의는
왜 바람직하지 않을까?

2002년 한·일 월드컵을 앞두고 유럽 몇몇 나라에서 우리나라의 개고기 문화를 비난하자, 어느 방송에서 대표적인 개고기 문화 비판자로 알려진 프랑스의 배우를 전화로 인터뷰한 적이 있다.

진행자 인도에서는 소를 먹지 않는다고 해서 다른 나라 사람들이 소를 먹는 것에 반대하지는 않습니다. 이러한 문화적인 차이를 인정할 생각이 없으십니까?

배우 물론 저는 그러한 문화적인 차이를 인정합니다. 그러나 소는 먹기 위한 동물이지만, 개는 그렇지 않습니다. 한국을 비롯해 아시아의 몇몇 나라를 제외하고는 세계 어느 나라에서도 개를 먹지 않습니다. 문화적인 나라라면 어떤 나라에서도 개를 먹지 않습니다.

진행자 소를 먹기 위해 키우는 나라도 있지만 개를 먹기 위해 키우는 나라도 있습니다. 개를 먹기 위해서 키우는 나라가 소수라고 해서 배척받는다면, 문화적인 차이를 인정하지 못하는 것 아닙니까?

배우 저는 개를 먹는 사람을 결코 존중해 줄 수 없습니다. 아무리 차이점을 인정한다고 해도 거기에는 한계가 있습니다.

진행자 제가 아는 프랑스인은 한국에 와서 개고기를 먹기 시작했습니다. 프랑스인뿐만 아니라 한국에 온 미국인, 독일인 중에 개고기를 먹은 적이 있다고 얘기한 사람들이 있습니다. 그리고 그 사람들은 지금도 개고기를 먹고 있습니다.

배우 (매우 화난 목소리로) 그것은 사실이 아닙니다. 프랑스인, 독일인, 미국인들은 절대로 개고기를 먹을 수 없습니다. 그것이 개고기인 줄 몰랐다면 가능한 일이겠죠. 나는 여러분과 더 이상 인터뷰를 하고 싶지 않습니다. 왜냐하면 거짓말을 하는 사람과는 얘기할 수 없기 때문입니다.

이 인터뷰에서 보인 프랑스 배우의 태도는 많은 지탄을 받았다. 이것은 개고기를 먹느냐 마느냐의 문제라기보다는 상대방의 문화를 인정하느냐 아니냐의 문제로 이해되었기 때문이다. 사람들의 생활 양식은 매우 다양한데, 자기에게 익숙한 문화만을 기준으로 다른 사회의 생활 양식을 평가하며 비난하는 것은 옳지 않다.

전통적으로 채식 위주의 농경 문화를 이어 온 우리나라에서는 동물 단백질을 섭취할 기회가 적었기 때문에 이를 보충하고자 개고기를 먹었다. 그런데 이런 문화적인 맥락을 무시하고 단순히 개고기를 먹는다는 사실만으로 비난하는 것은 바람직한 태도가 아니다. 이와 같이 자신의 문화만 옳다고 여기고 그것을 기준으로 다른 문화를 평가하는 태도를 '자문화 중심주의'라고 한다.

　자문화 중심주의는 문화가 같은 사람들끼리의 소속감이나 동질감을 높여 자부심이나 일체감을 느끼게 하지만, 이것이 민족주의나 전체주의와 만나면 아주 위험한 결과를 불러오기도 한다. 독일의 히틀러는 독일인이 세계에서 가장 우수한 민족이라는 '게르만 민족주의'를 내세워 독일인들의 민족주의적 감정을 부추기고, 다른 나라를 침공하고 유대인들을 학살하는 만행에 명분을 부여했다. 같은 시기 아시아에서는 일본이 '대동아 공영권'이라는 기치를 내걸고 일본을 중심으로 아시아가 뭉칠 것을 주창했다. 이것은 그럴듯한 논리로 사람들을 현혹했지만, 사실은 제국주의적 침략을 정당화하고 다른 민족의 문화를 일본 문화에 흡수하려는 속임수에 불과했다.

　자문화 중심주의는 자신의 문화에 긍지를 느끼고 계승한다는 관점에서는 긍정적이다. 하지만 그 과정에서 다른 문화에 배타적인 태도를 취해 편견과 갈등을 불러오기 쉬우며, 결국 다양한 문화를 경험하고 받아들일 수 있는 기회를 스스로 박탈함으로써 자신들의 문화를 발전시킬 가능성까지 가로막는 단점이 있다.

28.
문화 사대주의는
왜 바람직하지 않을까?

영어 간판이 즐비한 서울 명동 거리

　거리를 걷다 보면 알파벳으로 쓰인 간판이 줄을 잇는다. 요즘 같은 세계화 시대에 우리나라에 진출한 외국 기업의 간판일 수도 있고 외국인 여행객을 겨냥한 점포의 간판일 수도 있지만, 우리나라 거리에 외국어 간판이 즐비한 현실을 어떻게 이해해야 할까? 우리말 상호는 왠지 촌스럽게 느껴지지만 외국어 간판은 고급스럽고 세련되어 보인다는 선입견의 결과는 아닐까?

이러한 현상은 단지 간판에서만 나타나는 게 아니다. 텔레비전에서는 일주일 내내 다양한 음악 프로그램을 내보내는데, 그중에서 국악 프로그램은 겨우 한두 개에 불과하다. 그마저도 외면당하기 일쑤이다. 그러나 오페라나 뮤지컬을 대하는 태도는 다르다. 서양의 음악은 고귀하고 품격이 높은 음악이라고 생각하는 데 반해 국악은 '지겨운 노래', '촌스럽고 철 지난 노래' 등 부정적으로 평가하고 외면하는 것이 현실이다.

자문화 중심주의가 자신들의 문화만 훌륭하다고 생각하며 다른 문화를 배척하는 태도라면, 자신들의 문화는 열등하고 강대국이나 선진국의 문화는 무조건 우수하다고 평가하며 따라 하려는 태도를 '문화 사대주의'라고 한다.

조선 시대까지는 중국을 대국으로 여기는 사대주의가 주류였다면 현대에 들어와서는 미국과 유럽 등 서구를 따라가려는 새로운 사대주의가 주류를 이루고 있다. 그 형태도 여러 가지여서, 언어부터 소지품, 소비재에 이르기까지 다양한 문화 사대주의가 유행하고 있다. 세계화, 개방화의 물결을 타고 해외 명품 브랜드의 핸드백이나 의류는 다른 어떤 나라보다도 우리나라에서 가격이 높게 책정되어 한국인들이 '호구'로 취급당하고 있다는 것은 이제 공공연한 사실이다.

이 같은 문화 사대주의에 기초한 행동들은 자국의 우수하고 독창적인 문화를 파괴하여 문화가 편협해질 뿐 아니라 전통문화의 계승을 어렵게 하여 주체성을 상실하는 결과를 가져온다. 자문화 중심주의가 국수주의에 빠져 문화 발전을 가로막는다면, 문화 사대주의 또한 문화 다양성을 파괴하여 문화 발전에 악영향을 끼친다고 할 수 있다.

29.
문화 상대주의가 필요한 이유는 무엇일까?

　필리핀의 산간 지대 사가다에는 사람이 죽으면 그 시신을 넣은 관을 절벽에 매다는 풍습이 있다. 티베트에는 시신을 들판에 내버려 두어 독수리가 파먹게 하는 장례 문화가 있다. 둘 다 우리 시각에서는 끔찍하기도 하며 심지어 비인간적이라고까지 느낄 만하다. 유교의 관점에서는 '조상을 섬길 줄 모르고 예의가 없는 후손들'이라고 비난할 수도 있다.

　그러나 필리핀의 절벽 무덤은 험난한 산간 지대에서 묘지를 만들 땅이 부족하다는 환경적 요인과 함께 하늘이 조금이라도 가까운 곳에 장례를 치르면 하늘에 더 빨리 닿을 수 있다는 종교적 믿음에서 비롯되었다고 한다. 티베트의 장례 문화도 기온이 낮고 건조한 고원 지대에서는 매장을 해도 시신이 잘 썩지 않는 데다 새들이 시신을 먹으면 조상의 영혼이 새들과 함께 하늘로 올라간다는 믿음이 작용한 것이라 한다.

　이처럼 각 사회에는 고유한 문화가 있으며, 그 사회가 놓인 역사적·환경적 요인에서 기원을 찾아 문화를 이해하려는 태도를 길러야 한다. 다른 사회의 문화를 존중하고 그 자체를 있는 그대로 받아들여야 한다고 보는 시각을 '문화 상대주의'라고 한다.

　우리 주변에서도 문화 상대주의적인 태도가 필요한 경우를 쉽게 찾아

필리핀 사가다의 장례 문화

볼 수 있다. 가족이 함께 텔레비전을 시청할 때 아이돌 가수의 노래를 들으려는 자녀들에게 "저런 게 무슨 노래냐."라며 타박하는 부모들을 종종 볼 수 있다. 그런가 하면 오래된 대중가요를 듣는 부모님에게 "촌스럽게 저런 걸 들으시냐."라며 투정하는 자녀들도 있다.

이럴 때 필요한 태도가 바로 상대의 처지에서 있는 그대로 이해하려는 문화 상대주의적 관점이다. 이렇게 다른 성별, 다른 세대, 더 나아가 다른 민족과 국가 사이의 고유한 문화를 이해하려고 노력할 때 갈등은 줄어들고 문화적 다양성은 더욱 확대된다. 자문화 중심주의가 자신들의 문화만을 고집하고 문화 사대주의가 상대의 문화를 무비판적으로 받드는 것이라면, 문화 상대주의는 자신의 문화와 상대방의 문화를 동시에 배려하고 존중하는 것이다. 이것은 문화를 수용하는 바람직한 자세라 할 수 있다.

30.
문화 상대주의는
어떤 한계가 있을까?

태국과 미얀마의 국경 산악 지대에 사는 카렌족 여성들은 목에 여러 개의 고리를 걸고 있다. 카렌족은 다섯 살이 넘으면 목과 다리에 고리를 걸기 시작해 성인이 되면 5~17센티미터의 황동 고리를 목에 걸고 생활하는데, 이것은 목이 길어야 미인이라고 여기는 이 부족의 풍습 때문이다. 그래서 카렌족 여성들은 고개를 돌리기도, 떨어진 물건을 집기도 힘든 것은 물론이고 쇄골이 내려앉는 기형이 발생하는데도 미인이 되기 위해 참고 살아간다고 한다.

카렌족 여성들은 어릴 때부터 고리를 목에 걸고 생활한다.

한편 사우디아라비아에서는 아직도 여성 혼자서 자동차를 운전하는 일을 법으로 금지하고 있으며, 외출할 때는 남편이나 아버지 또는 남자 형제들이 보호자로 동행해야 한다. 여성이 해외여행을 가거나 고등 교육을 받을 때도 당국의 허가증이 필요하다. 여성들에게 운전이나 해외여행을 허용

하면 바깥 활동이 활발해지면서 곧바로 풍기
문란으로 이어질 것이라는 보수 성직자들의
의견이 반영된 정책이라고 한다.

아프리카의 수단에서는 바지 입은 여성을
처벌한다는 사실이 유엔 직원이 재판을 받으
면서 전 세계에 알려졌다. 루브나 후세인이
라는 이 여성은 2009년 7월 레스토랑에서 밥
을 먹다가 바지를 입었다는 이유로 체포돼
재판에 회부되었으며, 국제적인 관심 속에
태형을 면제받고 벌금형을 받았다. 지금도
수단에서는 1년에 수천 명의 여성이 이 법으
로 처벌받고 있다고 한다.

바지를 입었다는 이유로 기소되어 재판정으로 가는
루브나 후세인. 2009년

우리는 이러한 문화들을 어떻게 평가해
야 할까? 앞에서 살펴본 문화 상대주의적 관점에서 인정하고 존중해야 할
까?

물론 우리는 다른 사회의 문화를 평가할 때 그들의 생활 양식과 가치관
을 이해하고 존중해야 한다. 하지만 그런 관점으로만 접근하면 모든 문화
는 나름의 가치가 있고, 어느 누구도 그것을 비판할 수 없다는 문제가 생
기게 된다. 문화 상대주의를 극단적으로 이해한 나머지 아무도 어떤 문화
의 문제점을 비판할 수 없다면 문화는 더 이상 발전하기 힘들며, 비인간적
이고 비윤리적인 문화 또한 개선하기 힘들어진다.

31.
보편 윤리를 통한 성찰이
왜 필요할까?

몇몇 나라에서는 여성이 가족의 동의 없이 결혼하거나 불륜을 저질렀을 때, 그리고 이성 교제, 신체 노출 등 다양한 이유로 가문의 명예를 더럽혔다고 생각되면 가족 중 누가 그 여성을 살해하는 '명예 살인'이 아직도 행해지고 있다. 특히 파키스탄에서는 1년에 천 명 이상의 여성이 '명예 살인'으로 희생당하고 있다. 더구나 희생자의 가족이 범죄자를 용서하면 처벌하지 않는다는 법에 따라 명예 살인 범죄자 대부분이 처벌받지 않는다

명예 살인에 반대하며 시위를 벌이는 파키스탄 사람들

는 사실이 알려져 많은 논란을 일으켰다. 이제는 법이 바뀌어 명예 살인 범죄자에 대한 처벌을 강화하긴 했지만, 현실에서는 아직도 명예 살인이 계속되고 있다.

앞에서 우리는 여성의 운전을 금지하는 나라, 여성이 바지를 못 입게 하는 나라 등 대부분의 문명사회와는 동떨어진 규범을 아직도 유지하는 사례를 살펴보았다. 그렇다면 이런 전통이나 관습도 그 사회의 고유한 문화로 이해하고 인정해야 하는 것일까? 아마도 많은 사람이 그럴 수 없다고 말할 것이다. 그렇다면 우리는 어떤 근거에서 그러한 '문화'를 부적절하다고 지적할 수 있을까?

그것은 바로 인류가 공통으로 인식하는 '보편적 윤리'라는 가치를 인정하기 때문이다. 내 생명이 소중하다면 다른 사람의 생명도 소중하고, 우리 사회의 평화가 소중하다면 다른 사람들의 평화도 소중한 줄 알아야 한다. '사랑', '평화', '자유', '평등', '정의' 등과 같은 가치가 보편적 윤리에 속하는데, 앞에서 거론한 사례들은 이와는 거리가 멀기 때문에 고유한 문화로 존중하기 어려운 것이다.

그러나 보편적 윤리라는 것도 관점에 따라 달라질 수 있다. 2016년 '부르키니'를 둘러싸고 프랑스에서 벌어진 논란이 대표적이다. 부르키니란 부르카●와 비키니의 합성어로, 여성의 신체 노출을 꺼리는 이슬람 문화권 여성을 위해서 만든 수영복을 가리킨다. 프랑스의 어느 해변에서 이 부르키니를 착용한 여성에게 경찰이 강제로 그것을 벗게 한 일이 있었다. 공공장소에서는 특정한 종교적 색채를 띠어서는 안 된다는 것과 부르키니는

● **부르카**: 이슬람 여성들이 입는 머리부터 발목까지 덮는 전통 의복.

무슬림 여성의 부르키니 착용을 제한하려는 프랑스 경찰

무슬림 여성에 대한 억압이므로 부르키니를 금지해야 한다는 여성주의적 근거가 그 이유였다.

　언뜻 생각하면 부르키니를 벗게 한 프랑스 경찰의 행동은 여성 인권 보장의 측면에서 당연한 조치일 수 있다. 그러나 부르키니가 탄생한 배경을 보면, 이 주장의 모순점이 드러난다. 부르키니는 2004년 오스트레일리아의 한 여성 사업가가 비치 발리볼 팀에 들고 싶은데 마땅한 의복이 없어 고민하던 무슬림 조카딸을 위해 만든 것이 최초였다. 그전까지 무슬림 여성들은 평소 복장에서도 노출을 금지했기 때문에 수영 등은 꿈도 꿀 수 없었다. 그래서 무슬림 여성들은 해수욕은커녕 물에 빠져도 수영을 할 수 있는 이가 거의 없을 정도였다. 그런데 부르키니를 입음으로써 무슬림 여성들도 다른 모든 사람들처럼 물놀이를 즐기고 수영을 배울 수 있게 된 것이다. 그러므로 부르키니 자체는 무슬림 여성의 인권을 위한 커다란 진보를 상징한다고 할 수 있다. 이를 단순히 보편적 여성 인권의 시각에서 바라보며 금지하는 것은 단편적인 판단일 뿐이다.

　이처럼 우리가 보편적 가치라고 여겨 실행하는 일이 때로는 오해에서 비롯된 것일 수도 있으며, 뒤집어 생각하면 자문화 중심의 사고인 경우도 많다. 따라서 우리는 어떤 것이 진정으로 보편 윤리를 보장하는 방법인지 진지하게 성찰해야 한다. 또한 각 문화권 내부에서 스스로 변화하려는 노력이 뒷받침되지 않은 채 외부에서 변화를 강요하는 것은 아무리 이상적인 가치일지라도 바람직하지 않다는 것을 부르키니의 사례에서 알 수 있다.

32.
다문화 사회란 무엇일까?

만약 흑인들이 많이 사는 지역의 문구점에 가서 "살색 크레파스 주세요."라고 하면 무슨 색깔 크레파스를 줄까? 우리나라에는 오랫동안 살색이라는 이름이 붙은 크레파스가 있었다. 연한 주황색 같기도 하고 분홍색 같기도 한 색이었다. 살색이란 우리나라 사람을 기준으로 한 표현으로, 피부색이 다른 사람들은 고려하지 않은 이름이었다. 예전에 우리나라에서는 흑인이 지나가면 '검둥이'라고 놀리며 피부색이 다르다는 이유로 배척하고 멀리했다. 우리나라는 여느 민족이나 인종과는 달리 순수한 혈통을 갖춘 단일 민족이라는 생각에 사로잡혀 있었기 때문이다.

그런데 2005년에 살색이라는 명칭이 공식적으로 사라졌다. 2001년 한 시민이 국가 인권 위원회에 이 문제를 제기한 뒤 살색이 연주황색으로 바뀌었다. 그런데 연주황이라는 어려운 한자말을 크레파스를 주로 사용하는 초등학생에게 알맞은 쉬운 우리말로 바꾸어 달라며 몇몇 초등학생들이 문제를 제기했다. 이에 따라 살구색이라는 명칭으로 바뀌게 된 것이다. 국가 인권 위원회는 2011년 세계 인권 선언일에 한국 사회의 인권 수준을 한층 높인 사건으로 이 일을 기록했다. 그 뒤 우리나라에서는 제품의 명칭이나 설명서, 그리고 방송에서도 공식적으로 살색이라는 표현을 쓰지 않는다. 그러나 아직도 우리 사회 곳곳에서는 우리와 피부색과 문화가 다른 사람들에게 거부감을 드러내는 이들을 종종 볼 수 있다.

　사실 몇십 년 전만 해도 우리나라에서는 외국인을 찾아보기가 어려웠다. 미군 부대 근처에 살지 않는 한 외국인을 보는 일이 흔치 않았다. 그러다가 다른 나라와 교류가 활발해지면서 사정이 달라졌다. 일자리를 찾아 우리나라로 오는 외국인 노동자나 외국인 유학생이 꾸준히 늘어나고, 국제결혼에 따른 이민자도 늘어나면서 외국인의 비중이 커졌다. 이제는 여러 텔레비전 프로그램에도 외국인들의 출연이 잦아질 만큼 우리나라는 인종, 종교, 언어가 다양한 사람들이 함께 살아가는 다문화 사회로 변화하고 있는 것이다.

　다문화 사회란 전체 인구에서 외국인의 비율이 5퍼센트가 넘는 사회를 말한다. 그러나 일반적으로는 언어와 문화가 서로 다른 인종이나 민족이 하나의 공동체를 이뤄 함께 살아가는 사회를 뜻한다. 2016년 기준 우리나라에 체류하는 외국인은 200만 명을 넘었는데, 이는 전체 주민 등록 인구(약 5169만 명)의 약 4퍼센트에 이르는 수치이다. 다문화 가정 인구도 80만 명에 가까워졌다. 이런 사실들로 볼 때 우리나라가 다문화 사회로 들어서고 있음을 알 수 있다.

33.
다문화 사회의 긍정적 측면과
부정적 측면에는 어떤 것이 있을까?

유럽 여러 나라에서는 고령화와 저출산으로 노동력이 부족해지자 오래 전부터 외국인 노동자들을 받아들였다. 그리하여 오늘날 유럽은 다양한 문화와 전통을 가진 인종과 민족들이 공존하는 다문화 사회로 발전했다. 특히 영국, 프랑스, 독일처럼 잘사는 나라들은 외국인 노동자들의 이민을 적극적으로 받아들였으며, 이민자들은 그 나라의 경제 성장을 이끄는 데 큰 역할을 담당했다.

이들 나라의 외국인 노동자는 주로 북아프리카와 동유럽에서 건너왔다. 유럽인들은 다른 문화를 가진 사람들과 자연스럽게 접촉하여 문화적인 편견과 고정관념에서 벗어나기도 했고, 자신들의 문화가 지닌 단점을 보완할 기회도 얻을 수 있었다.

그러나 최근 유럽에서 경기가 나빠지고 일자리를 둘러싼 경쟁이 심해지자 그 이유를 이주 노동자들 탓으로 돌리며 갈등이 커지고 있다. 게다가 부르카와 히잡 착용 금지, 첨탑 건설 금지 등을 둘러싼 종교적·문화적 갈등과 함께 각종 테러까지 일어나면서 다문화 사회를 부정적으로 바라보는 시각이 늘어나고 있다. 세계적으로 포용력 있는 다문화 정책을 실시하는 네덜란드 국민들마저도 최근에는 이슬람 문화가 유럽의 생활 양식과

영국·프랑스·독일 정상들의 반다문화주의적 발언들

영어를 못하거나 영국 사회에 통합될 의지가 없는 이민자들이
우리 사회에 불편과 혼란을 일으키고 있다. 이민자들은 영어를 배워라.

데이비드 캐머런 영국 총리(2011년 4월)

우리는 이민자들의 정체성을 너무 걱정한 나머지 그들을
받아들인 국가(프랑스)의 정체성을 소홀히 했다.

니콜라 사르코지 프랑스 대통령(2011년 2월)

다문화 사회 건설 시도는 완전히 실패했다.
다양한 문화적 배경을 가진 사람들이 더불어 사는
'다문화 구상'이 작동하지 않는다.

앙겔라 메르켈 독일 총리(2010년 10월)

는 맞지 않는다고 응답하고 있어, 이민자 문제가 얼마나 심각한지를 잘 보여 준다.

우리나라도 1990년대 말부터 다문화 사회로 접어들면서 긍정적·부정적 측면이 모두 나타나고 있다. 우리나라는 여성 1명당 합계 출산율*이 세계에서 가장 낮은 수준이다. 그래서 우리나라의 인구는 10~20년 안에 실질적으로 줄어들 것으로 예상되고 있다. 이런 상황이 지속되면 노동력이 부족해지는 것은 물론이고 미래 세대가 노년층 부양의 부담을 과도하게 떠안을 가능성이 크다.

● 합계 출산율 : 가임 여성(15~49세) 1명이 평생 동안 낳을 것으로 예상되는 평균 출생아 수를 나타낸 지표이다. 우리나라의 합계출산율은 2015년 기준 1.17명이다.

오늘날 우리나라에서 외국인 노동자들은 노동력 부족 문제를 해결하는 데 큰 역할을 하고 있다. 만약 이들이 모두 떠난다면 수많은 중소기업의 기계는 가동을 멈춰야 할 것이다. 또 일손이 부족한 농촌과 어촌의 생산 현장도 큰 영향을 받고, 인건비를 줄이기 위해 외국인 노동자를 쓰는 많은 식당들도 곤란을 겪을 것이다. 이처럼 우리나라에 체류하고 있는 외국인 노동자들은 경제 활동 현장에서 없어서는 안 될 존재로 자리 잡고 있다.

또한 우리나라 농어촌에서는 노년층의 비중이 매우 높고, 농업에 종사하는 성인 남성들의 결혼 문제가 심각하며, 아동 인구가 적어 학교가 문을 닫는 일이 속출하고 있었다. 그런데 국제결혼 이민자들이 늘어나면서 농촌 공동체와 경제에 큰 활력소가 되고 있다. 그리고 이들을 통해 새로운 문화가 흘러들면서 다양한 문화가 알려지고 있다.

한편 우리 사회가 다문화 사회로 진입하면서 여러 문제가 발생한 것도 사실이다. 외국인 노동자가 우리나라 사람들 일자리를 빼앗아 간다는 피해 의식이 점점 높아지고, 외국인 범죄 때문에 외국인에 대한 반감이 커지고 있다. 외국인 노동자나 다문화 가정에 복지 혜택을 주면 안 된다는 목소리까지 나온다.

그 밖에도 다양한 인종과 민족이 유입되면서 언어, 문화, 종교적 갈등이 발생할 가능성이 있다. 외국인 노동자와 국제결혼 이민자, 다문화 가정의 자녀들이 사회적 편견과 차별을 겪으며 우리 사회를 부정적으로 인식하게 되는 것도 큰 문제라고 할 수 있다.

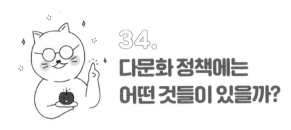

34.
다문화 정책에는 어떤 것들이 있을까?

각각 어느 나라 축구 팀일까?

축구를 잘 모르는 사람에게 프랑스 국가 대표 팀과 브라질 국가 대표 팀을 구분하라고 하면 어려울 수 있다. 왜냐하면 유니폼 색깔만 다를 뿐, 각 나라의 축구 선수들이 다양한 인종으로 구성되어 있기 때문이다. 두 나라의 축구 국가 대표 팀 구성원만 보더라도 이미 이 나라들이 여러 인종이나 민족이 함께 살아가는 사회라는 것을 알 수 있다. 프랑스나 브라질뿐 아니라 세계의 많은 나라들이 이미 다문화 사회로 들어섰으며, 세계화가 빠르게 확산되면서 더 많은 나라들이 다문화 사회가 되어 가고 있다. 이제 다문화 정책은 세계가 함께 고민하고 숙고해야 할 중요한 과제이다.

용광로 정책　　　　　　　　샐러드볼 정책

　다문화 정책에는 기본적으로 동화주의를 바탕으로 하는 용광로 정책과 다원주의를 바탕으로 하는 샐러드 볼 정책이 있다. 먼저 용광로 정책은 서로 다른 종류의 금속을 녹여서 하나의 혼합물을 만들어 내는 용광로처럼 다양한 문화적 특성을 지닌 사람들이 하나의 정체성을 갖게끔 만들 수 있다고 본다. 미국은 용광로 정책에 입각하여 흑인, 히스패닉(라틴 아메리카계 미국인), 아시아인 등 다양한 소수 집단을 주류 집단인 백인 사회에 동화시키려 했다.

　반면 샐러드 볼 정책은 샐러드 볼에 담긴 각종 과일과 채소가 각각의 맛을 유지하면서 조화를 이루듯, 다양한 문화를 가진 인종과 민족이 자신들의 정체성을 유지하면서 조화를 이루는 국가를 만들자는 것이다. 최근에는 여러 나라에서 문화의 다양성을 보장하고 이를 바탕으로 사회 통합을 강조하는 샐러드 볼 정책이 부각되고 있다.

　오늘날 이런 다문화 정책이 잘 이루어지고 있는 대표적인 나라는 오스트레일리아와 캐나다이다. 많은 이민자들이 이 두 나라로 가고 싶어 하는 이유는 다른 나라들보다 문화적 다양성을 인정하고 보장해 주기 때문이다. 그러나 이 나라들도 예전에는 인종을 차별하고 소수 민족 문화를 몹시 부정했었다.

〈토끼 울타리〉 영화 포스터

〈토끼 울타리〉란 영화는 오스트레일리아의 서부, 지가롱이라는 지역에서 일어난 실화를 바탕으로 만든 영화이다. 1931년 강제로 수용소에 갇힌 애버리지니 아이들이 오스트레일리아의 북쪽과 남쪽을 가로지르는 '토끼 울타리'를 따라서 죽을 고비를 넘겨 가며 무려 2400킬로미터를 걸어 엄마를 찾아간다는 내용이다. '토끼 울타리'는 당시 백인과 원주민을 차별하고 가르는 정책을 뜻하는 말이기도 했다.

1900년대부터 1970년대까지 오스트레일리아 정부는 문명의 기회를 준다는 명분 아래 애버리지니의 아이들을 강제로 백인 가정에 입양하는 정책을 실시했다. 그때 강제로 정부 시설에 보내지거나 백인 가정에 입양된 원주민 아이들은 최소 5만 명일 것이라고 추정하고 있다. 사실상 이것은 원주민 문화 말살 정책이었으며, 입양된 아이들 중 많은 수가 고된 노동과 학대에 시달렸다.

캐나다에서도 1874년부터 1970년까지 거의 100년 동안 원주민과 혼혈 가정의 아이들을 부모에게서 떼어 내 학교와 교회 등에 강제로 격리 수용하고 차별적인 대우를 했다. 심지어 캐나다 정부는 조직적이고 체계적으로 원주민 아이들을 의약품 실험 대상으로 활용하기까지 했다.

그러나 캐나다는 1971년부터 다문화주의를 선언하고 다양한 민족의 정체성과 문화를 인정하며 공존을 추구하는 다문화 정책을 실시했다. 캐나다는 다양성이라는 가치를 법적으로 명시하고 있으며, 법 앞에서 모두 평등한 대우를 받을 수 있게끔 법으로 보장하고 있다. 그뿐만 아니라 특정 민족을 향해 증오를 표현하는 내용을 금하고, 이를 어길 때는 법적 책임을 묻고 있다. 캐나다는 아프가니스탄 난민 출신의 여성과 소수민족, 이민자 출신이 내각에 포함되고, 종교적 신념에 따라 경찰이 터번을 쓰는 것도 당연하게 생각하는 사회이다. 여러 개의 조각이 조화를 이루어 하나의 모자이크 작품이 되듯이 현재 캐나다는 160여 개국의 이민자들이 모여 한 사회를 이루고 있다.

2008년 오스트레일리아와 캐나다 정부는 예전의 잘못된 정책에 대하여 공식적으로 원주민들에게 사과했다. 과거에 대한 반성을 바탕으로 두 나라는 다양한 집단의 언어와 문화를 인정하고, 인종이나 민족 등에 따른 차별을 금지함으로써 문화적 다양성과 사회 통합을 추구하고 있다.

35.
우리나라의 다문화 정책은
어떻게 진행되고 있을까?

2017년 우리나라 정부는 다문화 가족 80만 명 시대를 맞아 지원 정책을 크게 개선하는 시행 계획을 발표했다. 지금까지 정부는 다문화 가족을 지원하는 정책의 초점을 결혼 이주민의 초기 정착에 맞추고 있었다. 그러나 앞으로는 새로운 일자리 발굴과 취업, 직업 교육 확대, 봉사 등 사회에 직접 참여할 수 있는 정책 위주로 지원하고, 특히 자녀에 대한 지원을 크게 강화하는 데 초점을 맞추겠다고 했다.

또한 다문화 가정 청소년이 집에서 부모 나라의 말을 자연스럽게 쓸 것을 권장함으로써 이들이 국제적 인재로 성장할 수 있게끔 2018년부터 '이중 언어 가족 환경 조성 사업'을 본격적으로 시행할 예정이다. 2017년 6개 다문화 가정 지원 센터에서 시범 운영된 '이중 언어 가족 환경 조성 사업'은 2018년에 전국 190개 센터로 확대된다고 한다. 정부는 '활기찬 다문화 가족, 함께하는 사회'라는 전망을 실현하기 위해 다문화 가정 자녀의 성장과 결혼 이민자의 사회 경제적 진출 확대 등 6대 영역에 걸쳐 799개 과제를 해결하기 위해 1506억 원의 예산을 투입할 예정이다.

그동안 우리나라의 다문화 정책은 몇 차례 변화를 겪었으며 사회적 인식도 많이 변화했다. 2008년 어느 기업에서 만든 다문화 광고에 다음과 같은 문구가 나왔다.

"베트남 엄마를 두었지만 당신처럼 이 아이는 한국인입니다. 김치가 없으면 밥을 못 먹고 세종대왕을 존경하고 독도를 우리 땅이라 생각합니다."

피부색이 다른 다문화 가정의 아이도 우리 문화에 동화시키면 우리와 같은 한민족이 될 것이고, 우리의 언어와 전통문화를 가르치고 경제적으로 지원하면 그들도 우리의 정체성을 갖추게 될 것이라는 내용이었다.

그런데 이 광고를 뒤집어 생각해 보자. 베트남 엄마를 둔 아이가 김치보다 쌀국수를 좋아하거나 베트남과 대한민국이 축구 경기를 할 때 베트남을 응원한다면, 그 아이를 우리와 다른 사람으로 바라보겠다는 전제가 깔려 있는 것 아닐까?

한편 2013년 문화 체육 관광부에서 주최한 대학생 광고 공모전에서 수상한 작품은 손가락마다 생김새와 이름이 다르지만 다섯 손가락이 함께일 때 온전하듯, 우리도 문화의 다양성을 존중하고 받아들일 때 더욱 완전

해질 수 있음을 표현하고 있다.

위의 두 광고는 각각 용광로 정책과 샐러드 볼 정책을 잘 대변하고 있다. 우리나라가 다문화 사회로 진입한 초기에는 이주민 정책 대부분이 자국민 중심의 동화 정책이었다. 외국인과 이주민이 우리 사회와 문화에 적응하는 것을 지원하는 데 정책 목표가 맞춰져 있었다. 그러나 이런 정책은 자칫

사회 통합과 공존을 더 어렵게 만들 수 있으며, 다른 나라와 민족의 문화를 이해하고 차이를 인정하지 않으면 공존은 어렵다는 인식에 이르게 되었다. 최근 우리나라의 다문화 정책은 문화 다양성을 인정하는 샐러드 볼 정책의 방향으로 변화하고 있다.

우리나라는 '다문화 가족 지원법'을 만들어 지원 대상을 확대하고, 다문화 가정의 삶의 질을 향상하기 위해 노력하고 있다. 또한 외국인 노동자들이 국내 노동자들과 차별 없이 동등한 대우를 받고 생활할 수 있도록 '재한 외국인 처우 개선법' 등을 제정하고 정비하는 노력을 기울이고 있다. 그리고 국제결혼 이민자들이 우리나라에 잘 적응하고 정착할 수 있도록 다양한 프로그램도 시행하고 있다. 2017년 정부에서 발표한 다문화 가정 지원 정책도 이와 같은 맥락에서 진행되고 있다고 하겠다. 그러나 무엇보다 외국인 노동자와 국제결혼 이민자, 그리고 그들의 자녀들을 단순히 다문화 정책의 수혜자로만 볼 것이 아니라 나와 똑같은 한 인간으로 바라보는 인식의 개선이 가장 중요하다.

36.
올바른 다문화 사회로 가기 위해 필요한 것은 무엇일까?

샘 오취리는 여러 방송 프로그램에 출연하여 익살스러운 표정과 입담
으로 인기를 끌고 있는 아프리카 가나 출신의 방송인이다. 항상 밝은 표정
으로 웃음을 잃지 않았던 그는 어느 프로그램에 출연해 한국에서 겪은 고
충을 털어놓았다.

"한국에서 대학교 다닐 때 지하철 2호선 타고 다녔어요. 2호선은 사람
이 많으니까 자리가 나면 바로 앉아야 했죠. 어느 날 자리가 나서 앉으려

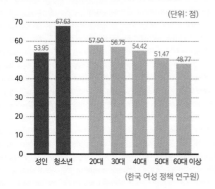

한국인 다문화 수용성 지수

2015년 9~11월 전국 19~74세 성인 4000명,
청소년(중·고교 재학생) 3640명 대상 조사 결과
자료: 한국 여성 정책 연구원

(단위: 점)

성인	청소년	20대	30대	40대	50대	60대 이상
53.95	67.63	57.50	56.75	54.42	51.47	48.77

(한국 여성 정책 연구원)

다문화수용성 관련 주요 국제 지표 항목 비교

일자리가 귀할 때 자국민 우선 고용 찬성	외국인 노동자와 이민자를 이웃으로 삼고 싶지 않음	자신을 세계 시민으로 생각 (대체로 또는 매우 그렇다)
한국 60.4%	한국 31.8%	스웨덴 82.0%
호주	독일	호주
미국	미국	미국
독일	호주	독일
스웨덴 14.5	스웨덴 3.5	한국 55.3%

* 다문화 수용성 지수 : 문화 개방성·고정관념및 차별·세계 시민 행동 등
8개 구성 요소별 점수를 종합해 산출한다.

고 했는데 어떤 아주머니가 가로채더니 저더러 '까만 XX가 여기서 뭐 하냐. 다시 너네 나라로 돌아가라'면서 대놓고 뭐라고 하시더라구요. 그리고 나하고 같이 있던 친구한테도 '왜 쟤랑 같이 다니느냐'고 하셨어요. 그런데 그런 말보다 더 슬펐던 것은 그 광경을 지켜보고만 있는 한국인들의 모습이었어요. '한국 사람들은 다 저런가?' 하는 생각이 들었죠."

샘 오취리의 경험담 하나만으로 다문화를 대하는 우리나라 사람들의 인식 수준을 말할 수는 없다. 그러나 2015년에 우리나라 여성 가족부에서 조사 발표한 '한국인의 다문화 수용성 지수'를 보면 우리나라 국민이 다른 선진국 국민보다 낮은 수준으로 나타났다. 그나마 미래를 살아갈 청소년의 다문화 수용성 지수가 성인보다 높다는 것은 우리 사회가 다문화 사회로 나아가는 데 다행스러운 일이라고 할 수 있다. 그래도 우리나라 사람들에게 다문화 사회를 맞이할 준비가 더 필요하다는 점을 부정할 수는 없다.

만약 여러분이 낯선 외국 땅에서 생활하게 되었다고 가정해 보자. 모든 것이 낯설고 외로운 당신에게 이웃 주민들이 친절하게 대해 주며 김치에 관심을 보이면 어떤 느낌이 들까? 아마 '이 나라 사람들이 나를 친구로 생각해 주는구나.' 또는 '자기들과는 문화가 다른데도 수용하려고 노력하는구나.' 이런 생각이 들 것이다.

처지를 바꿔서 우리가 우리나라에 사는 외국인들에게 그들의 문화를 존중하며 편견이나 고정관념을 품지 않고 그들을 받아들여 준다면 그들도 우리를 친구로 생각할 것이다.

행복한 다문화 사회로 나아가려면 필요한 것이 많다. 먼저 서로 간의 갈등과 분열을 막기 위한 제도가 마련되어야 한다. 그동안 우리나라는 다문화 정책으로 외국인 고용 허가제, 재한 외국인 처우 기본법, 다문화 가정 지원법 등을 만들어 사회를 통합하려고 노력했다. 그러나 아직도 사회 곳곳에서 벌어지고 있는 이주민 문제를 해결하려면 더 세심하고 배려 깊은 제도적 보완이 필요하다.

그리고 이주민들도 우리와 다르지 않다는 점을 인식하고 그들을 우리 사회의 구성원으로 인정하고 존중하는 태도가 필요하다. 그러기 위해서는 다른 문화를 배우고 이주민들과 교류할 수 있는 기회를 더 만들어야 한다.

● **외국인 고용 허가제**: 기업이 외국인 노동자를 합법적으로 고용할 수 있도록 2004년 8월 17일부터 시행한 제도. 이 제도는 외국인과 내국인 근로자 모두에게 노동 관계법을 동등하게 적용하며 산재 보험, 최저 임금, 노동 3권 등을 보장한다. 그러나 사업장을 소홀히 관리한 탓에 사업주가 외국인 노동자의 인권을 침해해도 거의 처벌받지 않는 등의 문제점이 드러났다. '이주 노동자 사업장 이동 금지' 조항 때문에 외국인 노동자가 자신의 권리를 행사할 수 없는 것도 큰 문제이다.

최근 학교나 다문화 가족 지원 센터 등에서 다양한 민족 문화를 배우며 서로 다른 민족 간의 소통과 이해의 기회를 제공하는 것은 건전한 다문화 사회를 만들기 위한 바람직한 노력이라고 할 수 있다.

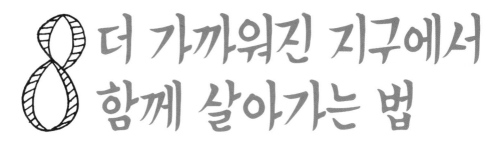

8 더 가까워진 지구에서 함께 살아가는 법

세계화의 양상과 문제

- ◆ 세계화란 무엇일까?
- ◆ 지역화란 무엇일까?
- ◆ 세계의 도시는 어떻게 변하고 있을까?
- ◆ 세계화의 문제점을 어떻게 해결할 수 있을까?
- ◆ 국제 사회는 어떤 곳일까?
- ◆ 국제 갈등과 국제 협력에는 어떤 것이 있을까?
- ◆ 평화의 의미는 무엇일까?
- ◆ 통일을 해야 하는 이유는 무엇일까?

교통수단과 정보·통신 기술의 발달로 시공간의 장벽이 무너지면서 세계는 하나의 공간으로 변화하고 있습니다. 상품, 자본은 물론 기술, 문화까지 국경을 넘어 자유롭게 이동하면서 우리 삶의 공간도 전 지구로 확대되고 있는데, 이를 세계화라고 합니다. 한편, 세계화가 진행되면서 국가 간 상호 교류와 협력이 확대되기도 하지만 국가 간 빈부 격차, 문화의 획일화 같은 문제가 심해지고 있으며, 자국의 이익을 우선시하는 과정에서 국가 간 갈등과 분쟁도 발생하고 있습니다. 이러한 갈등은 우리나라가 속한 동아시아에서도 빚어지고 있습니다.

이 장에서는 세계화에서 비롯된 문제와 국제 사회의 분쟁을 알아봅니다. 그리고 이를 해결하기 위한 국제 사회의 협력과 평화를 추구하는 세계 시민 의식의 필요성을 인식하고, 나아가 우리는 국제 사회의 평화에 어떻게 기여할 수 있을지 생각해 봅니다.

37.
세계화란 무엇일까?

임진왜란 직후 조선은 일본과의 모든 교류를 단절했다. 그러나 일본이 통신사 파견을 꾸준히 요청하고 일본과의 관계 회복이 필요했기 때문에, 1607년 조선은 다시 일본과 교류하며 통신사를 파견했다. 통신사 규모는 평균 450명 안팎이었으며, 한성을 출발하여 에도(지금의 도쿄)에 가서 조선의 국서를 전달하고 돌아오는 데 걸린 시간이 짧게는 5개월에서 길게는 2년이었다고 한다.

그런데 지금은 서울에서 도쿄까지 2시간 정도 걸리며, 도쿄의 주요 명소를 둘러보고 일본 음식을 맛보며 여행까지 즐긴다 해도 며칠이면 충분하다. 오늘날 두 나라 사이에는 하루 평균 1만 명이 넘는 사람들이 오가고 있다. 옛날에는 어려운 일이었지만 이제는 시간과 비용을 들인다면 일본은 물론 세계 어디든지 갈 수 있는 시대가 되었다.

최근 우리는 중국의 대도시에서 미세 먼지 농도가 너무 높아서 사람들이 마스크를 쓰지 않고는 출근하지 못한다는 소식을 듣고 있다. 지구 반대편에 있는 브라질의 대통령이 부패 스캔들에 휘말려 탄핵을 당했으며, 유럽 여러 지역에서 각종 테러 사건이 일어나 시민들이 희생당했다는 안타까운 소식도 실시간으로 접하고 있다. 또 시리아 내전으로 많은 사람들이

일본에 간 조선 통신사의 행렬. 한성에서 에도까지
짧게는 5개월에서 길게는 2년이 걸렸다.

경유지
육로
해로

한성

에도
교토

고통받고 있으며, 초대형 허리케인
이 카리브해에 있는 많은 나라들을
덮쳐 엄청난 피해를 주었다는 것도
알고 있다.

　이렇듯 교통과 정보 통신이 발
달하면서 시간적·공간적 거리가 단축되었다. 그리고 자본주의 진영과 공
산주의 진영이 나뉘어 대립하던 냉전 시대가 끝남에 따라 국가 간, 지역
간 교류가 크게 늘어났으며, 1995년 세계 무역 기구(WTO)가 구성되어 국
가 간에 각종 상품과 자본 등도 더 자유롭게 이동할 수 있게 되었다.

　이처럼 정치·경제·사회 각 부문에서 장벽이 점차 사라지고 사람·물
자·기술·문화 등이 자유롭게 오가며, 상호 의존성이 높아지는 현상을 세
계화라고 한다.

　우리는 거의 모든 분야에서 세계화의 영향을 받고 있다. 대형 슈퍼마켓

에 가 보면 예전에는 듣지도 보지도 못했던 열대 과일이 즐비하다. 우리의 식탁은 이미 독일에서 수입한 소시지, 아르헨티나산 홍어와 노르웨이산 연어, 중국산 채소가 점령하고 있다. 전 세계의 많은 도시에서 맥도날드 햄버거를 먹고 스타벅스 커피를 마시며, 유튜브를 통해 세계 각지에서 올라온 영상을 언제 어디서나 볼 수 있게 되었다.

그런가 하면 세계화는 걱정스러운 모습으로도 나타난다. 미국의 금융 위기가 우리나라의 주식 시장을 뒤흔들어 놓기도 하고, 석유가 많이 나는 중동 지역의 정치 상황이 불안해지면 국제 유가가 출렁이면서 세계 경제는 그 여파를 더욱 크게 받는다.

이처럼 세계화는 우리의 일상생활부터 정치, 경제, 사회 등 각 분야에 많은 영향을 끼치고 있다.

38.
가깝고도 먼 세계화와 지역화, 이 둘은 어떤 관계일까?

에스파냐 발렌시아의 부뇰에서는 해마다 토마토 축제가 열린다. 이 축제는 1944년 토마토 값이 폭락하자 부뇰의 농민들이 항의하는 표시로 시의원들에게 토마토를 던진 데서 유래되었다고 한다. 푸에블로 광장에 놓아둔 토마토를 마을 주민과 관광객이 서로에게 던지면서 이 축제를 즐긴다. 한편, '음악의 천재 모차르트', '악성 베토벤', '가곡의 왕 슈베르트', '왈츠의 아버지 슈트라우스' 등 위대한 클래식 음악가로 손꼽히는 이들에게는 한 가지 공통점이 있다. 바로 이들의 주 무대가 오스트리아의 빈이었다

토마토 축제, 에스파냐 부뇰

빈 축제는 매년 5~6월 오스트리아 빈에서 열리는 종합 예술 축제이다.

는 짐이다. 오늘날에도 빈은 클래식 음악이라는 문화적 자산을 바탕으로 세계적인 명성을 얻고 있다.

세계화의 흐름 속에서 부뇰과 빈처럼 그 지역만의 특징이나 요소들이 가치를 띠게 되었을 때 이를 지역화라고 한다. 에스파냐의 토마토 축제와 오스트리아의 빈 축제는 세계화와 지역화가 어떻게 공존하는지 잘 보여 주는 사례이다.

세계화는 사람들의 일상생활에 많은 영향을 끼치며 세계를 빠르게 하나로 연결했고, 이에 따라 정치·경제·문화 등 여러 부문에서 국가 간 의존 관계가 옛날과는 비교도 할 수 없을 정도로 커졌다. 그러나 세계화 때문에 전통문화와 생활 양식이 파괴되거나 소멸되고, 자유 경쟁의 폐해로 어려운 경제 상황에 놓인 지역도 많다.

반면에 특정 지역의 고유한 문화 또는 전통이 전 세계에 알려질 기회도 늘어났다. 특정 지역이 세계의 다른 지역과 관계를 맺으면서 그들의 문화가 세계적으로 인정받는 일이 빈번해지고 있다.

얼핏 들으면 지역화는 세계화의 반대 개념으로 인식하기 쉽다. 그러나 세계화가 진행되지 않았다면 특정 지역의 문화와 전통, 그리고 특수한 지역적 요소들이 세계적으로 그 가치를 인정받기 어려웠을 것이다.

지역화는 어떤 지역이 경쟁력을 갖추는 과정에서 그 지역의 문화를 유지·발전시키는 데 도움이 된다. 그뿐 아니라 지역의 전통이나 특성을 세계에 알림으로써 인류의 문화 다양성에도 크게 기여한다. "가장 지역적인 것이 가장 세계적이다."라는 말처럼 지역화는 지역의 문화 정체성과 고유한 특성을 살려 그 지역의 경제적·문화적 가치를 높이는 데 큰 역할을 하고 있다.

글로컬리제이션이란 무엇인가?

일본의 대표적인 기업 소니의 전 회장인 모리타 아키오는 세계적인 것과 지역적인 것을 합친 글로컬리제이션(glocalization)이라는 용어를 만들었다. 이것은 다국적 기업의 현지화 전략을 뜻하는 말로, 세계화에 맞추어 사고하되 행동이나 운영은 지역에 맞게 하라는 것이다. 곧 현지화를 바탕으로 한 세계화를 추구하는 것이다.

아무리 세계적인 상품이라도 새로운 지역에서 인정받고 사랑받으려면 현지화하는 노력이 필요하다. 전 세계적인 햄버거 회사인 맥도날드가 쌀을 주식으로 하는 지역에서는 라이스 버거를 팔고, 인도처럼 힌두교 신자가 많은 나라에서는 소고기 패티를 넣지 않은 햄버거를 판매하는 것 등은 모두 글로컬리제이션의 대표적 예라고 할 수 있다.

우리나라에서도 이런 예를 찾아볼 수 있다. 우리나라 사람들이 김치를 즐겨 먹는 것처럼 건조 기후 지역인 서남아시아에서는 대추야자를 즐겨 먹는다. 그런데 건조한 기후에서는 대추야자를 장기간 저장하기 쉽지 않다는 점에 착안하여 어떤 기업이 대추야자를 오랫동안 보관할 수 있는 전용 냉장고를 개발했다. 또 이슬람교를 믿는 사람들은 의무적으로 성지 메카를 하루에 다섯 번 향해 기도하는데, 이 의식에 착안하여 예배 시간과 방향을 알려 주는 휴대 전화를 개발한 기업도 있다. 이 휴대 전화의 명칭은 '메카(Mecca)폰'으로 이슬람교 지역에서 큰 호응을 얻었다.

39.
세계화 시대에 세계 도시의 모습은 어떻게 변화하고 있을까?

글로벌 파워 도시 지수(GPCI)는 일본의 모리 재단 도시 전략 연구소가 세계 주요 도시를 대상으로 경제, 연구 개발, 문화 교류, 거주 적합성, 환경, 접근성 등 6개 분야의 26개 평가 항목을 기준으로 하여 조사한 것이다. 2008년 처음 발표된 후 최상위 도시인 런던, 뉴욕, 도쿄, 파리 등은 지금까지 비슷한 순위권을 유지하면서 자국에서뿐만 아니라 전 세계에서 정치·경제·사회·문화 등의 중심 도시로 인정받고 있다.

개방과 자유 무역을 지향하는 세계화는 각 나라의 경제 장벽을 허물고 국가 간 자유 무역을 확대했다. 자유 무역은 상품과 서비스를 비롯해 자본과 노동, 나아가 금융과 정보 등에 이르기까지 거의 모

글로벌 파워 도시 지수(GPCI) 순위

(단위 : 점)

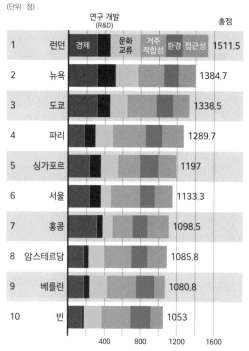

(자료 : 싱크탱크 모리 재단)

128

든 부문의 국제적 이동을 가능하게 했다. 세계화에 발맞추어 지역 간 교류와 협력이 강화되면서 세계적으로 중심지 역할을 담당하게 된 도시를 세계 도시라고 한다. 세계 도시 중 뉴욕과 도쿄의 국내 총생산(GDP)이 카자흐스탄 국내 총생산의 5배가 넘고, 선진국인 캐나다와 맞먹을 만큼 세계 도시는 큰 경쟁력을 갖고 있다.

세계 도시에는 세계 경제에 큰 영향력을 행사하고 있는 다국적 기업의 본사와 국제 금융 회사, 그리고 생산자 서비스[*] 기능 등이 집중되어 있다. 그뿐만 아니라 국제 연합(UN), 세계은행(IBRD) 같은 국제기구의 회의와 행사가 많이 개최되면서 국제적인 교류가 활발히 펼쳐지고 있다. 또한 세계 도시는 국제적인 교통·통신망의 중심지 기능을 하기 때문에 국제 항공의 운항 수와 승객, 화물 등의 국제 이동량이 많다.

이처럼 오늘날 세계 도시는 세계 경제의 흐름을 결정하는 것은 물론이고 세계 정보의 흐름과 문화 활동, 국제 정치 활동 등에서 중심 역할을 하고 있다.

뉴욕의 월가는 세계 금융 시장의 중심지 구실을 하는 곳이다. 이곳 주식 거래소의 주가 급락과 급등은 전 세계 경제에 큰 영향을 준다. 실제로 2008년 뉴욕 증시의 주가가 갑자기 떨어지자 유럽, 중국, 일본, 한국 등의 주식 시장에서 주가가 큰 폭으로 하락하는 등 그 여파가 매우 컸다. 이처럼 세계 도시는 수많은 지역들과 서로 밀접한 관련을 맺고 다각도로 연결되어 있기 때문에, 세계 도시에서 일어난 일이 다른 지역에 파급되는 속도와 영향력은 엄청나다.

● **생산자 서비스** : 상품의 생산과 유통 과정에 필요한 서비스. 금융, 보험, 연구 개발, 부동산업, 회계 서비스 등이 있다.

한편 세계 도시가 다른 지역에 끼치는 영향력이 커지면서 세계 도시에는 고소득 전문직 계층이 급속히 늘어났다. 그리고 이들이 고용하는 청소, 운전 등에 종사하는 저소득 비숙련 노동자 계층과 개발 도상국 출신 이민자로 이루어진 극빈층의 구성비도 높아져 세계 도시 내의 계층 간 양극화 현상이 심해지고 있다.

실제로 뉴욕은 중산층이 없는 계층 간 양극화의 단면을 보여 주는 대표적인 도시이다. 2014년 뉴욕 시민 가운데 상위 1퍼센트가 차지하는 소득 비중은 절반 가까이 되는 반면, 하위 50퍼센트의 소득 비중은 5.6퍼센트에 불과해 심각한 소득 불균형을 보였다. 그뿐만 아니라 뉴욕시의 빈곤율은 21.2퍼센트로 미국 전체 평균 15.9퍼센트를 크게 웃돈다.

이러한 경제의 양극화는 주거지 분리라는 공간의 양극화로 이어진다. 부유층은 수십억이 넘는 아파트나 호화 주택에서 살고 있지만, 하루 벌어 하루 먹고살아야 하는 대부분의 이주 노동자와 저소득층은 기반 시설이 부족하거나 낡은 지역에서 살아가고 있다.

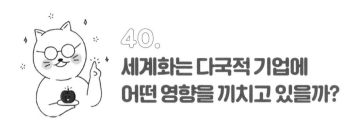

40.
세계화는 다국적 기업에
어떤 영향을 끼치고 있을까?

세계화와 다국적 기업의 관계를 알아보기 전에 우리가 일상에서 어떤 물건들을 쓰고 있는지 알아보자.

하연이는 학교에 가려고 아침 일찍 일어났다. 아침은 밥 대신 콘푸로스트 (켈로그)에 우유를 부어 먹었다. 가방(아디다스)을 메고 걸어가려고 했지만 늦었다고 아빠가 직접 차(기아)로 태워다 주셨다. 오늘은 가장 친한 친구 경태의 생일이라서 선물로 초콜릿(페레로 로셰)을 준비했다. 방과 후 생일 파티에서는 친구들과 햄버거(맥도날드)에 콜라(코카콜라)를 먹었다. 집에 도착한 뒤 하연이는 컴퓨터(삼성)를 사용해 숙제를 한 후 부모님과 함께 영화(월트디즈니)를 봤다.

가상의 이야기이지만 많은 청소년들의 일상과 크게 다르지 않다. 하연이처럼 우리는 다국적 기업에서 생산한 제품을 매일 먹고 쓰고 있다. 우리 생활은 이미 다국적 기업과 떼려야 뗄 수 없는 관계에 놓여 있다.

그렇다면 어떤 기업을 다국적 기업이라고 할까? 세계화가 진행되면서 기업들은 시장을 더 많이 확보하려고 치열한 경쟁을 벌였다. 이에 따라 국적이나 장소를 가리지 않고 세계 각지에 본사와 지사, 그리고 연구소와 생산 공장 등을 두고 상품을 생산·판매하는 기업이 늘어났다. 이런 기업들을 다국적 기업이라고 한다.

다국적 기업은 제품을 더 싸게 생산하고 더 많이 판매하기 위해 일정한 공간적 양상을 띤다. 관리를 맡는 본사는 대체로 전문 인력이 풍부하고 정보 수집과 자본 확보에 유리한 선진국에 위치한다. 연구를 담당하는 연구소도 우수한 교육 시설과 전문 기술 인력이 풍부한 선진국에 있다. 반면, 제품을 생산하는 공장은 땅값이 저렴하고 노동력이 풍부하며 임금이 낮은 개발 도상국이나 수요가 많아서 판매 시장을 확보하는 데 유리한 나라에 주로 자리 잡는다. 이에 따라 기업의 관리·연구·생산 기능 등이 공간적으로 분리되는 현상이 나타나는데, 이를 공간적 분업이라고 한다.

다국적 기업의 분포

본사 ■
주요 생산 공장 ■

■ 포드
■ 도요타
■ 현대
■ 제너럴모터스
■ 폭스바겐

다국적 기업이 공간적으로 분업화하면서 다국적 기업이 진출한 개발 도상국에는 일자리가 생기고 새로운 기술과 선진국의 민주적인 인사 제도가 도입되는 긍정적인 영향이 나타나기도 한다. 그러나 다국적 기업의 진출로 오히려 자본이 빠져나가거나 저임금 노동 착취, 환경 파괴가 일어나는 문제점도 나타나고 있다. 현재 다국적 기업의 해외 진출이 더욱 늘고 있지만, 대부분의 경제적 이익은 선진국과 다국적 기업의 차지가 되는 경우가 많다.

세계에서 다국적 기업을 많이 보유한 나라들은 어디일까? 지엠(GM), 구글(Google), 월마트(Walmart), 엑손 모빌(Exxon Mobil), ING생명, 도요타(Toyota)와 같이 전 세계 다국적 기업 중 상위를 차지하는 대부분의 기업은 미국, 영국, 네덜란드, 일본 등 주요 선진국이 보유하고 있다.

그렇다면 다국적 기업이 벌어들이는 이익이 선진국 노동자들에게는 어떤 도움을 줄까? 기업에 따라 차이는 있겠지만, 안타깝게도 많은 다국적 기업의 성공과 성장의 뒷면에는 개발 도상국 노동자들의 아픔은 물론 선진국 노동자들의 고통도 뒤따르고 있다는 점을 기억해야 한다. 한때 세계 자동차 산업의 메카로 불리던 미국 디트로이트의 사례에서 이런 사실을 확인할 수 있다.

디트로이트는 인구가 급속히 줄어들고, 시민들의 소득은 낮아졌으며, 실업률이 미국에서 가장 높은 상황에 맞닥뜨렸다. 그 이유는 디트로이트의 자동차 산업 경쟁력이 떨어졌기 때문이다. 자동차를 생산하는 다국적 기업들은 더 많은 이익을 얻기 위해 인건비를 줄이기 시작했고, 공장을 임금이 저렴한 나라로 이전하는 상황까지 벌어졌다. 자동차 부품 하청 업체의 납품 단가를 낮추고 연구 개발에 따른 부담, 재고 관리 등의 비용까지

디트로이트 도시 현황	부채	185억 달러
	인구	1950년 180만 명 → 2013년 70만 6000명
2013년 7월 18일 파산 선언 후 도시 현황	1인당 소득	연간 1만 5261달러(미국 평균 4만 9922달러)
	실업률	미국 내 최대 18.6%(미국 평균 7.6%)
	살인 범죄율	미국 내 1위
	구급차 가동률	34%
	버려진 빌딩	8만여 개

하청 업체에 떠넘겼다. 그리하여 많은 하청 업체들이 파산하거나 다른 지역으로 이전했고, 도시의 실업률은 급증했다. 실업률의 급증은 소비 심리 약화로 이어졌고, 결국 많은 인구가 디트로이트를 떠났다. 최근 디트로이트는 도시에 활력을 불어넣으려 애쓰고 있다. 투자를 유치하기 위한 세제 혜택 지원, 세계적인 모터쇼 개최 등 자동차 산업의 중심지로 다시 발돋움하고자 노력하고 있다.

오늘날에는 세계화 때문에 다국적 기업의 영향력은 더욱더 커지고 있다. 앞으로도 다국적 기업은 우리의 경제와 일상생활에 많은 영향을 끼칠 것이다. 따라서 우리는 다국적 기업이 이윤에만 치중하지 않고 사회에 대한 공적인 책임을 지며 상생하는 윤리적 경영을 해 나가도록 비판적인 시선을 놓지 않아야 한다.

41.
세계화가 낳은 문제점에는 어떤 것이 있을까?

세계화 과정에서 선진국과 개발 도상국 사이의 소득 격차는 점점 벌어지고 있으며, 소득 격차의 심화는 개별 국가 안에서도 나타나고 있다. 2012년 국제 통화 기금(IMF)이 발표한 최상위 20개 부유한 나라와 최하위 20개 가난한 나라의 1인당 국내 총생산을 보면 1960~1962년 최상위 20개국과 최하위 20개국의 평균 총생산의 차이는 54배였다. 그런데 세계화가 진행된 이후 2012년에는 그 격차가 무려 125배로 커졌다.

전 세계 경제에 엄청난 영향력을 행사하고 있는 G7 국가(미국, 독일, 일본, 프랑스, 영국, 이탈리아, 캐나다)의 인구는 세계 인구의 10퍼센트에 불과하지만, 이들이 차지하고 있는 부는 전 세계의 50퍼센트에 이른다. 반면 세계에서 매우 가난한 나라의 인구 비중은 16퍼센트나 되지만 이들이 차지하는 부는 1퍼센트에 불과하다. 미국의 조지프 스티글리츠 교수는 "세계화 때문에 국가 간의 빈부 격차가 점점 커졌고,

1인당 국내 총생산
- 최하위 20개 빈국
- 최상위 20개 부국

(단위: 달러)

	1960~1962년	2012년
최하위 20개 빈국	212	488
최상위 20개 부국	11,417	60,909

(자료: 한겨레신문 2005, IMF 2012)

강대국에 대한 약소국의 경제적 종속이 심해졌으며 생태계도 심각하게 파괴되었다."라고 지적하고 있다.

아프리카의 사바나에는 얼룩말·가젤 같은 초식 동물과 사자·치타 같은 육식 동물들이 함께 살고 있다. 그런데 어느 날 얼룩말과 가젤 등의 초식 동물들이 모두 사라진다고 가정해 보자. 과연 육식 동물들끼리만 잘 살아갈 수 있을까? 이와 마찬가지로 세계화 속에서 개발 도상국이 모두 경제적으로 파탄에 빠진다면 선진국의 경제에도 악영향을 줄 것이다. 지금보다 빈부 격차가 더 커질 것은 뻔한데, 선진국의 경제적 부를 축적하기 위해 개발 도상국의 경제적 자립과 경제 활성화를 돕지 않는다면 세계는 초식 동물이 없는 사바나와 같은 꼴이 되기 쉽다. 따라서 국가 간 빈부 격차를 줄이는 것은 개발 도상국뿐만 아니라 선진국에도 필요한 일이다.

중국 청두에 진출한 다국적 기업의 커피숍

아프리카의 카카오 농장에서 일하는 아이들 중에는 온종일 일해서 하루 1달러도 벌지 못하는 경우가 허다하다. 세계화 이후 한쪽에서는 하루 종일 일하고도 죽음과 삶의 경계선에서 허덕여야 하고, 다른 한쪽에서는 손쉽게 큰 이윤을 남기는 모순이 더 심해지고 있다.

또한 세계화와 함께 문화의 획일화와 소멸 현상도 나타나고 있다. 중국인들은 전통적으로

차를 즐기는데, 최근 들어서는 젊은 세대를 중심으로 커피 소비량이 급증하고 있다. 이에 따라 커피 소비량과 커피를 파는 다국적 기업의 매장 수가 빠르게 증가하고 있다. 커피의 세계화가 중국의 차 문화를 잠식하고 있는 것이다.

한편, 문화 갈등이 심각해지는 것도 세계화의 문제점이다. 세계화 추세 속에서 아시아와 아프리카에서 유럽으로 이주하는 노동자들도 꾸준히 늘었다. 그들 가운데 많은 사람이 이슬람교를 믿는데, 이들은 자신들만의 종교적 신념에 따라 생활하는 경우가 많다. 그런데 2006년 벨기에에서 일하던 이슬람 여성이 사장의 반대에도 불구하고 종교적인 신념에 따라 히잡을 쓰다가 해고당하는 사건이 일어났다. 이 여성은 곧바로 차별 금지법 위반으로 회사를 고소했는데, 이후 10년 동안 이어진 법적 공방과 논란 끝에 2017년 유럽 연합 사법 재판소가 '직장 내 히잡 착용 금지는 직접적인 차별에 해당하지 않는다'는 판결을 내림으로써 일단락되었다. 국제 사면 위원회는 이 판결을 종교적 신념에 대한 차별을 합법화한 것이라고 비판했으며, 인권 단체들도 종교적 의무를 지키려는 이슬람교 신자들을 사회적으로 고립시키게 될 것이라고 경고했다.

42.
세계화의 문제점을
어떻게 해결할 수 있을까?

세계화에 따른 경제적 불평등 문제를 해결하기 위해서는 다양한 실천이 뒤따라야 한다. 먼저 국제기구와 선진국들이 공적 원조를 더 늘려 개발 도상국을 도와야 한다. 그러나 개발 도상국의 경제를 근본적으로 개선하려면 선진국의 수입업자에게는 유리하고 개발 도상국의 생산자에게는 불리한 무역 구조를 개선해야 한다. 이에 따라 최근에는 개발 도상국의 기업과 생산자가 정당한 보상을 받을 수 있는 공정 무역이 큰 관심을 끌고 있다.

공정 무역이란 생산자와 소비자 간의 경제적 불균형을 해소하기 위해 개발 도상국의 생산자가 경제적으로 자립할 수 있게끔 정당한 비용을 지불하며, 중간 상인의 개입을 줄여 유통 비용을 낮춤으로써 모든 주체가 보상을 받게 하려는 무역 방식이다. 이것은 1950년대 영국의 구호 단체인 '옥스팜'이 공정 무역의 필요성을 제기하면서 시작되었다. 그 뒤 세계 곳곳의 시민 단체와 기업들이 공정 무역 운동을 실천하고 있으며, 아동과 여성의 노동을 착취하는 기업의 상품을 구매하지 않고, 환경 파괴를 일으키는 상품을 사용하지 않는 사람들이 늘어나고 있다.

세계화에 따른 문화의 획일화와 소멸 현상을 막고, 고유의 문화를 지킬 방법은 없을까? 가장 중요한 것은 자국의 문화 정체성을 유지하면서 다른

달콤한 초콜릿의 이면에 아동이나 여성 노동 착취가 없는지 살펴 보아야 한다. 카카오 농장에서 일하는 어린이. 코트디부아르

나라의 문화를 능동적이고 비판적으로 받아들일 수 있는 자세이다. 유네스코(UNESCO)에 따르면 인류가 만들어 낸 언어는 1만여 개인데, 그중 21세기에 사용하고 있는 언어는 약 7000개이며, 이 가운데 반 이상이 사라질 것이라고 한다. 이런 상황에서 유네스코는 언어 다양성을 보호하기 위해 1996년부터 『소멸 위기에 놓인 언어 지도』를 작성하여 일반 대중에게도 경각심을 주고 있다. 같은 맥락에서 아일랜드는 자국어인 에일어 사용을 늘리기 위해 영어 사용을 줄이고 있으며, 리투아니아는 해마다 모국어 받아쓰기 대회를 열어 자신들의 언어를 지키려 애쓰고 있다.

또한 히말라야산맥에 자리 잡은 부탄은 전통을 지키려는 많은 나라들의 본보기가 되고 있다. 부탄에서 공무원과 학생은 반드시 전통 의상을 입어야 한다. 청정한 자연환경과 독특한 문화가 있는 부탄은 많은 관광 수입을 올릴 수 있지만, 외국인 관광객의 수를 1년에 7500명으로 제한하고 관광객 1명당 하루에 약 250달러의 체류비를 내게 한다. 이러한 정책을 고수하는 이유는 자연환경을 보호하고, 관광객의 무분별한 행위 때문에 자신들의 전통이 훼손되는 것을 막기 위해서이다. 부탄도 세계화의 영향을 비켜 갈 수는 없지만, 가능한 한 자신들의 가치와 전통을 지키기 위해 꾸준히 노력하고 있다.

한편, 세계화와 동시에 인권, 평화 같은 보편 윤리가 세계 곳곳으로 빠르게 확산되고 있다. 이 과정에서 그 지역만의 특수 윤리가 보편 윤리와 갈등을 빚을 때는 어떻게 해야 할까? 인류가 공존하기 위해서는 보편 윤리를 존중하고 따르면서 각 사회의 특수 윤리를 좀 더 깊게 성찰하는 태도를 길러야 한다.

2009년 미국의 버락 오바마 대통령이 이집트 카이로를 방문했을 때 "나는 여성이 자신의 머리카락을 가리는 것이 불평등하다는 서양의 시각에 동의하지는 않지만, 여성이 교육받을 권리가 없는 것은 불평등하다고 생각한다."라고 말했다. 오바마의 메시지는 이슬람 여성이 히잡 등을 착용하는 것은 종교적 신념이기 때문에 그들의 자유에 맡겨야 하지만, 여성이라는 이유로 교육받지 못하거나 부당한 대우를 받는 것은 인권에 어긋나기 때문에 반대한다는 것이었다. 오바마의 이 말은 세계화 때문에 빚어지는 여러 가지 갈등 속에서 보편 윤리를 어떻게 적용해야 하는지 시사하는 바가 크다.

43.

오늘날 국제 사회는 어떤 모습일까?

오늘날 국제 사회에는 200여 개가 넘는 국가들이 다양한 정치 체제를 갖추고 공존한다. 국제 사회에는 모든 국가를 아우르는 상위 조직체가 존재하지 않는 것처럼 보이지만, 국제 연합 같은 조직이 중앙 권위체로서의 역할을 하고 있다.

국제 사회에서는 갈등과 분쟁, 협력과 화해의 모습이 함께 나타난다. 국제적인 갈등에는 테러, 전쟁, 분쟁, 시위, 소요 사태 등이 있는데, 지나치게 자국의 이익만 추구하거나 민족·인종·종교의 차이를 인정하지 않는 데서 원인을 찾을 수 있다. 국제 갈등은 하나의 원인 때문에 발생한다기보다는 민족, 종교, 역사, 영토, 자원 등 여러 가지 원인이 복합적으로 작용하는 경우가 많다. 한편, 국제 사회는 정치, 경제, 사회, 문화, 환경과 인권 등 다양한 분야에서 협력하기도 한다.

국제 사회에서 갈등과 협력을 만들어 내는 행위 주체로는 국가, 정부 간 국제기구, 비정부 기구, 다국적 기업, 국가 내 지방 자치 단체나 집단, 영향력 있는 개인이 있다. 이처럼 갈등과 협력이 공존하는 국제 사회를 바라보고 설명하는 이론에는 여러 가지가 있지만, 가장 대표적인 것은 현실주의 이론과 이상주의 이론이다.

44.
국제 사회를 바라보는 현실주의 이론과 이상주의 이론은 무엇일까?

현실주의 이론은 인간이 이기적이라고 보기 때문에, 국가도 결국 이익만 추구하고 이를 극대화하려 한다고 본다. 분쟁에 대해서도 자국만의 이익을 극대화하려는 외교 정책 때문이라고 규정하고, 분쟁을 해결하려면 강한 국력을 바탕으로 국가 간 힘의 균형을 이루어 전쟁을 막아야 한다고 주장한다. 즉, 상대방이 나를 함부로 넘보지 못하게끔 힘을 길러야 한다는 것이다.

그러나 현실주의 이론에서 분쟁 해결 방안으로 제시한 힘의 균형이 실질적으로 평화를 보장하지 못하고 오히려 군비 경쟁을 부추겨 전쟁 가능성을 더 높이기도 한다. 또한 국제 사회에는 현실주의 이론에서 바라보는 것처럼 갈등과 분쟁만 존재하는 것이 아니라 개인, 민간단체, 국가 등 다양한 차원에서 국제 협력이 이루어지고 있으며, 많은 문제를 함께 해결하려고 노력하고 있다.

이상주의 이론은 인간을 선하고 상호 협력이 가능한 존재로 보기 때문에, 국가들도 상호 이해와 협력을 바탕으로 이해관계를 조정하여 평화를 이룩할 수 있다고 본다. 그리고 이상주의 이론에서는 전쟁이나 국제 갈등이 인간의 이기적 본성에서 유래하는 것이 아니라 상대방에 대한 무지와

잘못된 제도에서 비롯된다고 본다. 따라서 국제기구, 국제법, 국제 규범 등을 통해 잘못된 제도들을 바로잡고 상대방에 대해 충분히 이해한다면 국제 갈등을 조정하고 해결하여 국제 평화를 실현할 수 있다고 본다.

그렇지만 이상주의 이론에도 한계가 있다. 먼저 이상주의 이론은 국제 사회를 지나치게 낙관적으로 보는 탓에 현실에서 나타나는 치열한 경쟁과 갈등을 적절하게 설명하지 못한다. 또한 이상주의가 중시하는 국제법이나 국제 규범이 국제 사회에서 실제로 효력을 발휘하기는 쉽지 않다. 특히 강대국이나 특정 국가들이 국제법, 국제 규범, 국제 조약 등을 어긴다 해도 이를 막거나 통제할 방법이 마땅치 않기 때문이다.

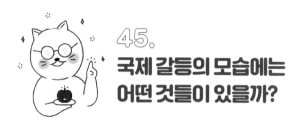

45.
국제 갈등의 모습에는
어떤 것들이 있을까?

국제 사회에는 다양한 원인에서 비롯된 복잡한 갈등과 분쟁이 나타나고 있다. 국제 갈등과 분쟁의 원인으로는 영토, 자원, 종교, 민족 등을 들 수 있다. 영토를 둘러싼 국제 갈등은 대부분 영토 내 자원을 확보하기 위해 일어나기 때문에 영토 분쟁과 자원 분쟁은 밀접한 관련이 있다. 종교를

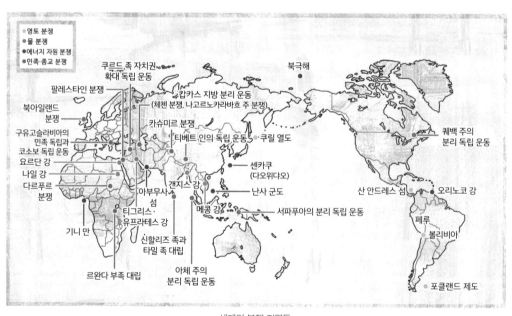

세계의 분쟁 지역들

둘러싼 분쟁 또한 그 종교를 믿게 된 역사와 민족들이 얽혀 있기 때문에 민족 분쟁과 관련된 경우가 많다.

먼저, 영토와 관련된 분쟁의 대표적인 사례로 이스라엘과 팔레스타인 분쟁을 들 수 있다. 팔레스타인 지역은 옛날에 유대인이 살았지만 그들이 흩어진 뒤 이슬람교를 믿는 팔레스타인 사람들이 정착하면서 독립된 자치 구역을 이루고 있었다. 그런데 1, 2차 세계 대전을 치르는 와중에 영국은 지원을 얻어 내기 위해 팔레스타인 사람들에게는 팔레스타인 지역에 아랍 국가를 세우게 해 주겠다고 약속하고, 유대인들에게는 유대 독립 국가를 세우게 해 주겠다는 이중 약속을 했다. 그러자 세계 각지에 흩어져 살던 유대인들은 팔레스타인(시온)에 유대 민족 국가를 건설하자는 시오니즘 운동을 벌였다. 그리하여 유럽을 중심으로 흩어져 있던 유대인들이 팔레스타인으로 모여 이스라엘을 건설하고 팔레스타인 사람들과 오늘날까지 갈등을 빚고 있다.

2003년 미국, 이스라엘, 팔레스타인은 팔레스타인 독립 국가를 창설하

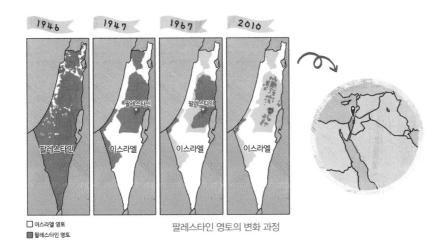

□ 이스라엘 영토
■ 팔레스타인 영토

팔레스타인 영토의 변화 과정

는 것을 핵심으로 하는 '중동 평화 로드맵'에 서명하고, 이스라엘이 가자 지구에서 완전히 철수함으로써 이 분쟁은 일단락되는 듯 보였다. 그러나 그 후에도 유대인 정착촌 건설을 둘러싼 갈등은 쉽게 해결되지 않고 있다.

영토 분쟁은 주로 영토 내에 있는 자원과 밀접한 관련이 있으며 다른 요인이 복합적으로 작용하기도 한다. 중국 내 소수 민족인 위구르족이 분리 독립을 요구하면서 발생한 중국 정부와 신장위구르 자치구의 분쟁, 석유와 천연가스 등 자원의 확보와 사용과 관련하여 러시아·아제르바이잔·이란·투르크메니스탄·카자흐스탄 사이에 벌어진 카스피해 분쟁 등이 대표적이다.

다음으로, 종교나 민족 관련 분쟁의 대표적인 사례로 카슈미르 지역 분쟁을 들 수 있다. 카슈미르는 인도와 중국, 파키스탄의 경계에 있는 산악 지대이다. 1947년 인도는 영국으로부터 독립하면서 힌두교도가 다수인

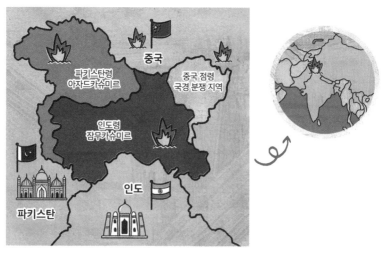

카슈미르 지역의 분쟁

인도와 이슬람교도가 다수인 파키스탄·방글라데시(당시 동파키스탄)로 갈라졌다.

문제는 카슈미르 지역이었다. 이 지역 주민 대다수는 이슬람교도였기 때문에 파키스탄으로 편입되기를 바랐다. 그러나 이 지역의 정치 지도자가 힌두교도였기 때문에 인도로 편입한다고 결정해 버림으로써 인도-파키스탄 전쟁이 일어나게 되었다. 그 뒤 1949년 유엔의 중재로 휴전하고 북부는 파키스탄령, 남부는 인도령이 됐는데, 인도는 카슈미르 전체가 인도 영토라고 주장하면서 반환을 요구해 분쟁이 계속되고 있다. 게다가 1962년에는 중국까지 끼어들어 동쪽 지역을 점령하는 바람에 현재 카슈미르는 인도령, 파키스탄령, 중국령 세 군데로 갈라져 있다.

이와 같이 종교와 민족을 둘러싼 분쟁은 수없이 많다. 영국계 신교도와 아일랜드계의 가톨릭교도 사이에 일어난 북아일랜드 분쟁, 다수파 불교도인 싱할리족과 소수파 힌두교도인 타밀족 사이에 일어난 스리랑카 분쟁, 이슬람교 다수파에 속하는 수니파와 소수파에 속하는 시아파 사이의 분쟁 등이 있다.

국제 사회에는 수많은 갈등과 분쟁이 끊이지 않고 일어난다. 교통과 통신의 발달로 경제 교류가 더욱 활발해지면서 나라 간 무역 마찰도 점점 심해지고 있다. 환경 문제를 둘러싸고, 산업화를 추구하는 개발 도상국과 이것을 규제하려는 선진국 사이의 갈등도 커지고 있다.

46.
국제 협력에는
어떤 것들이 있을까?

우리나라 대통령과 미국 대통령의 만남, 일본의 외교부 장관과 중국 외무 장관의 만남 등 국가 정상 회담이나 장관 회담을 통한 외교는 가장 일반적이고 공식적인 국제 협력의 모습이다. 외교란 한 국가가 국제 사회에서 자국의 이익을 평화적으로 성취하려는 활동이며, 주로 협상을 통해 이루어진다.

한편 오늘날에는 정상 회담 같은 공식 외교뿐만 아니라 경제·문화·환경 분야에서도 협력이 활발하게 추진되고 있다. 우리나라가 회원국으로 있는 G20, 아시아 태평양 경제 협력체(APEC) 등과 같이 세계 각국은 다양한 경제 협력 공동체를 결성해 경제 분야의 협력을 추구하고 있다.

또한 환경 보호와 관련한 국제 협력도 활발하다. 예를 들어 황사를 막기 위해 고비 사막에 나무 심기 활동을 하거나 기후 변화 협약에서 온실가스 감축에 동참하는 것 등이 그런 활동에 속한다.

그 밖에도 여러 협력의 예가 있는데, 그중 국제 협력의 상징적인 모습을 잘 보여 주는 것은 바로 올림픽이다. 올림픽이나 월드컵 같은 국제 대회는 국가 간 상호 교류와 이해를 증진하며, 정치적·군사적 쟁점이나 갈등과 무관하게 스포츠를 통한 우정을 다지는 데 기여하고 있다.

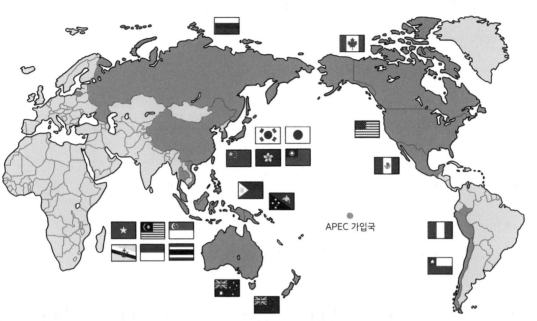

아시아 태평양 경제 협력체(APEC)에는 21개국이 가입해 있다.

고대 그리스에서 전쟁을 잠깐이나마 멈추게 하려는 뜻에서 시작된 올림픽은 스포츠 경기를 통해 세계 시민 의식을 높이는 계기로 작용해 왔다. 미국이 참가하지 않은 1980년 모스크바 올림픽과 소련이 참가하지 않은 1984년 LA 올림픽의 한계를 뛰어넘어, 1988년 서울 올림픽에서는 전 세계 거의 모든 국가가 참가함으로써 세계가 크게 화합하는 모습을 보여 주었다. 이처럼 정치적·군사적·이념적으로 대립하고 있는 나라 사람들도 올림픽에서만큼은 스포츠 정신을 바탕으로 정정당당하게 실력을 발휘하고 승자를 축하해 주며 패자를 격려해 준다. 또한 올림픽 폐막식에서는 전 세계 젊은이들과 관계자들이 함께 어울려 춤추고 노래하며, 지구촌의 모든 사람들이 갈등과 대립을 잊고 한마음 한뜻으로 화합할 수 있음을 보여 준다.

47.
국제 사회의 행위 주체에는 어떤 것들이 있을까?

국제 사회에 직간접적으로 영향을 끼치는 행위 주체는 국가, 국제기구, 비정부 기구, 다국적 기업, 영향력 있는 개인 등 다양하다. 국가는 국제 사회에서 가장 전통적이고 대표적인 행위 주체이다. 국가는 일정한 영토와 국민을 바탕으로 주권을 지니며, 국민의 수나 영토의 크기와 관계없이 독립적인 주권을 행사하는 동등한 행위 주체로 인정받아 왔다. 국가는 국제 사회에서 법적 지위를 가지고 외교 활동을 하며, 여러 국제기구에 참여하여 공식적인 활동을 할 수 있는 자격을 가진다.

국가를 가입 대상으로 하는 정부 간 국제기구(IGO), 국경을 뛰어넘어 활동하는 국제 비정부 기구(INGO), 여러 나라에 생산 시설과 영업 시설을 두고 이윤을 추구하는 다국적 기업 등도 국제 사회의 행위 주체이다.

그 밖에 교황, 전직 대통령 등 한 개인이라도 국제적인 영향력이 크면 국제 사회의 행위 주체로 인정받을 수 있다.

48.
행위 주체로서 국제기구는 어떤 역할을 할까?

국제기구는 국제 사회의 중요한 행위 주체이다. 오늘날 가장 대표적이며 강력한 영향력을 행사하는 국제기구로는 국제 연합을 들 수 있다. 국제 연합은 2차 세계 대전이 끝난 뒤 전쟁을 막고 평화를 유지하기 위해 설립되었다.

국제 연합의 주요 활동은 평화 유지 활동, 군비 축소 활동, 국제 협력 활동으로 나눌 수 있으며, 주요 기구로는 총회, 안전 보장 이사회, 경제 사회 이사회, 신탁 통치 이사회, 국제 사법 재판소, 사무국 등이 있다.

국제 연합은 국제적으로 다양한 협력 활동을 한다. 그중에서 환경과 관련된 협력 활동을 살펴보자. 1972년 국제 연합 인간 환경 회의는 '오직 하나뿐인 지구'를 내걸고 환경 파괴로부터 지구를 보호하고 천연자원 고갈을 방지하기 위한 체제를 구축하고자 국제 연합 내부에 환경 이사회를 설치하고 '환경 기금'을 설립했다. 이후 각종 환경 문제에 대한 개별 회의와 협약이 체결되었다. 1992년 국제 연합 인간 환경 회의 20주년을 기념하여 브라질의 리우데자네이루에서 열린 '국제 연합 환경 개발 회의'에서는 '환경적으로 건전하고 지속 가능한 발전'을 주제로 하여 '기후 변화 협약', '생물 다양성 협약' 등을 채택하였다. 그 뒤 국제 연합 내부에 '지속 가능 개발위원회'를 두고 해마다 회의를 열면서 환경 관련 정책을 점검하고 있다.

또한 온실가스를 감축하기 위한 기후 변화 협약의 하나인 교토 의정서 (1997년)가 미국, 일본, 캐나다, 오스트레일리아, 유럽 연합 등 선진국을 중심으로 체결되었고, 교토 의정서의 실질적인 이행을 강조한 파리 기후 변화 협약(2015년)도 체결되었다. 교토 의정서가 선진국 중심의 온실가스 감축을 강조했다면, 파리 기후 변화 협약은 개발 도상국을 포함한 모든 당사국이 지구 표면의 평균 온도 상승 폭을 산업화 이전과 비교하여 2℃ 이하로 유지하는 것을 목표로 삼았다. 국제 연합은 각 나라가 이행한 사항을 보고받고, 온실가스 감축을 비롯해 환경 문제 해결을 위해 꾸준히 애쓰고 있다.

이러한 환경 관련 협력은 개별 국가의 노력만으로는 달성하기 힘든 일을 국가 간 협의와 조약 체결을 통해 국제적인 차원에서 해결하려는 노력이다.

지구촌에는 국제 연합 이외의 다양한 국제기구가 정치, 경제, 사회, 문화 등 여러 측면에서 국제 협력을 이어 가고 있다. 국제기구는 조약에 따라 다수의 주권 국가로 구성되며, 국제법상 일정한 목적 아래 독자적으로 행동하는 조직체이다.

국제기구는 '정부 간 국제기구'라고 불리며 정부를 구성 단위로 한다. 따라서 국제적 민간단체인 '국제 비정부 기구'와는 성격이 다르다.

국제기구에는 국제 연합, 국제 연합 교육 과학 문화 기구(UNESCO), 국제 노동 기구(ILO)처럼 전 세계적으로 영향을 미치는 일반적인 국제기구도 있고, 북대서양 조약 기구(NATO), 미주 기구(OAS), 유럽 연합, 동남아시아 국가 연합(ASEAN), 북미 자유 무역 협정(NAFTA), 아시아 개발은행

(ADB) 등 특정 지역을 포함하는 국제기구도 있다. 또한 국제 연합, 미주 기구, 아랍 연맹, 아프리카 통일 기구(OAU) 등이 평화 유지와 경제·사회 협력이라는 포괄적인 성격을 띠는 종합적인 국제기구라면, 국제 연합 교육 과학 문화 기구, 국제 노동 기구, 북미 자유 무역 협정, 아시아 개발은행 등은 전문적이고 개별적인 성격을 띠는 국제기구라고 할 수 있다. 모든 국제기구는 국제 협력을 추구하고 실현하는 데 중요한 역할을 한다.

49.
행위 주체로서 비정부 기구는
어떤 역할을 할까?

    국제 협력과 관련하여 대표적인 비정부 기구로 '국경 없는 의사회'를 들 수 있다. 1971년 설립된 국경 없는 의사회는 응급 구호가 필요한 지역과 전쟁 피해 지역에서 기본적인 치료, 수술, 병원과 진료소 복구, 영양 보급과 공중위생 프로그램 운영, 의료 요원 교육 등의 활동을 하고 있다. 1972년 니카라과 지진 발생 지역에서 펼친 구호 활동을 시작으로, 1975년 베트남 전쟁에서 구호 활동을 벌였으며, 1990년 걸프 전쟁에서는 60대의 전세기를 타고 현장으로 날아가 7만여 명의 난민을 구호했다. 1995년 르완다 양민 대학살 폭로, 1998년 북한 수해 현장의 의료 활동, 2005년 니제르의 영양실조 위기 극복 활동, 2011년 일본 지진·해일 지역과 리비아 분쟁 지역의 난민 돕기 활동, 2016년 시리아 내전 지역 및 이주 난민 의료 지원 활동 등 국제 사회에서 고통받고 어려움에 놓인 사람들을 돕는 활동을 하고 있다.

    다음은 국경 없는 의사회에 지원하여 봉사했던 우리나라 소아과 전문의의 인터뷰 내용이다.

    전 제가 '소모품'이라고 생각해요. 어떻게 하면 내가 가장 효율적으로 소모될 수 있을까 생각해요. 전문의가 되기까지 10년 이상 했던 공부, 그동안 쌓은 경험, 기술들을 가장 잘 써먹고 싶었어요. 그런 고민들이 '국경 없는 의 사회'에서의 활동과 잘 맞아떨어진 것 같아요. (……) 저는 의사로서 다른 사 람을 치료하는 의료 활동을 주로 해요. 제 전공이 소아과이다 보니 주로 아 이들의 건강을 돌보게 되지요. 한국은 낮은 출산율 때문에 소아과와 산부인 과의 인기가 떨어졌지만, 고령자보다 어린이 비율이 높은 피라미드형 인구 분포를 보이는 개발 도상국에서는 가장 절실하게 필요한 전공 중 하나가 소 아과예요. 하지만 필요한 때에 적절한 조치를 받지 못해서 하루에도 많은 아 이들이 죽어 가고 있는 것이 현실이에요."

비정부 기구란 지역·국가·국제적으로 조직된 자발적인 비영리 시민 단

국경 없는 의사회 활동가들이 의약품을 나르고 있다.

체를 말한다. 공동의 이해를 지닌 사람들이 특정 목적을 위해 조직한 비정부 기구는 정부의 정책을 감시하고, 정보 제공을 통해 시민의 정치 참여를 장려하기도 한다. 또한 특정 국가의 이해관계를 초월하여 인권, 환경, 보건, 성차별 철폐 같은 분야에서 국제적 협력을 도모한다.

비정부 기구는 정부와 기업에 맞서는 '제3의 영역'이라 부르기도 하며, 입법, 행정, 사법, 언론에 이은 '제5의 권력'이라고도 한다. 시민운동으로서 비정부 기구의 첫걸음은 1863년 스위스에서 시작된 국제 적십자 운동이다.

비정부 기구가 활동하는 영역은 다양하다. 1961년 영국의 한 변호사가 양심수 석방을 위해 창립한 '국제 사면 위원회', 국제적인 환경 단체인 '그린피스', 개발 도상국을 중심으로 빈곤 문제를 해결하기 위한 활동을 벌이는 '굿네이버스'와 '월드비전', 국제 인권 실태를 파악하고 인권 보호에 앞장서고 있는 '국제 아동 인권 센터', '아시아 평화 인권 연대' 등이 대표적인 비정부 기구이다.

50.
평화의 의미는 무엇일까?

2001년 9월 11일, 전 세계 사람들의 눈을 의심하게 하는 놀라운 사건이 일어났다. 슈퍼 파워로 군림하던 미국의 한복판에서 이슬람 테러 단체의 조직원이 납치한 항공기가 미국인들의 자부심이었던 세계 무역 센터에 부딪쳐 건물이 무너졌다. 미국은 순식간에 아수라장이 되었으며, 세계 경제의 중심부이자 미국 경제의 상징인 뉴욕은 공포의 도가니로 변했다.

그러자 미국은 오사마 빈 라덴과 그를 추종하는 조직인 알카에다를 9·11 테러 용의자로 간주하고, 영국과 함께 빈 라덴이 숨어 있던 아프가니스탄을 공격하면서 전쟁이 시작되었다. 보복 전쟁의 성격을 띤 미국-아프가니스탄 전쟁은 2014년까지 이어졌다. 마침내 아프가니스탄을 지배하던 이슬람 무장 단체인 탈레반 세력이 몰락하고, 새로운 정부가 수립되었다. 그러나 탈레반은 반정부군이 되어 저항했으며 이 과정에서 수많은 군인과 민간인 사상자가 나왔다.

이러한 테러와 전쟁은 평화를 깨뜨리는 전형적인 행위이다. 또한 테러는 보복을 낳고 보복은 또 다른 보복을 낳을 수밖에 없는 악순환의 고리를 벗어나기 힘들다. 'What goes around comes around'(남에게 하는 대로 되받게 된다.)라는 말처럼 전쟁과 테러는 계속 보복을 낳음으로써 평화

폭력의 악순환을 멈추자는 뜻을 담은 반전 평화 홍보 포스터

를 깨뜨리게 된다.

　평화는 '인간 집단 간에 무력 충돌이 일어나지 않는 상태' 또는 '정치적 집단 간 폭력 행위가 어느 정도 계속 정지되고 있는 상태'라고 규정되기도 한다. 그렇지만 이는 평화의 의미를 제한적으로 설명하는 것이다. 평화학의 창시자로 인정받는 노르웨이의 갈퉁은 평화를 소극적 평화와 적극적 평화로 나누어 설명한다. 소극적 평화는 직접적인 폭력이 없는 상태, 즉 국내외적으로 전쟁, 분쟁, 테러, 범죄, 폭행 따위가 일어나지 않는 상태를 뜻한다. 말하자면 전쟁이 없는 상태를 평화라고 인식한 전통적인 시각을 반영한 개념이다.

한편 적극적 평화는 직접적인 폭력이 없을 뿐만 아니라 구조적 폭력과 문화적 폭력에서도 벗어나 진정으로 인간다운 삶을 누릴 수 있는 상태를 뜻한다. 구조적 폭력은 사회 구조에 의해 발생하는 폭력으로 빈곤, 정치적 독재, 경제적 착취, 사회적 차별과 소외, 인종 탄압, 노사 간의 갈등 등이 해당된다. 문화적 폭력이란 종교·사상·언어 등 문화적인 요소가 직접적으로 작용하거나 구조적 폭력을 정당화하는 데 이용되는 것을 말한다. 여전히 논란이 되고 있는 이러한 폭력은 적극적 평화 실현의 걸림돌이다.

우리는 평화롭게 살고 있다고 여기지만, 갈퉁의 주장에 따라 소극적 평화와 적극적 평화를 두루 생각해 보면서 진정한 평화가 무엇인지 더 깊이 고민해 볼 필요가 있다.

예를 들어 오늘날 미국은 과연 평화로운가? 소련이 무너지면서 전쟁 위협이 줄어들고, 9·11 테러와 같은 사건이 마무리된 지금 미국의 소극적 평화는 웬만큼 달성되었다고 볼 수 있다. 그러나 미국에서는 심각한 빈부 격차가 나타나고, 각종 인권 문제가 끊이지 않는 점을 생각해 볼 때 적극적 평화는 여전히 실현되지 않았다고 할 수 있다. 물론 진정한 평화를 실현하기란 쉽지 않지만 우리는 소극적 평화를 넘어 적극적 평화를 실현하는 데까지 나아가야 할 것이다.

51.
우리나라는
어떻게 분단됐을까?

오늘날 남북 분단을 상징하는 정치적·군사적 분계선이 휴전선이지만, 휴전선이 생기기 전에는 38선이 존재했다. 38선과 휴전선은 둘 다 미국과 소련을 중심으로 하는 냉전 체제의 결과물이지만 형성 시기와 공간, 배경 등에서 차이가 많다. 38선이 2차 세계 대전을 마무리하는 과정에서 우리의 뜻과 무관하게 형성된 정치·군사 분계선이라면, 휴전선은 한국 전쟁을 마무리하는 과정에서 휴전 협정을 거쳐 형성된 정치·군사 분계선으로, 60년이 넘는 긴 세월 동안 유지되고 있다.

38선은 북위 38°선을 기준으로 미국과 소련에 의해 그어진 선이다. 2차 세계 대전 말기인 1945년, 미국의 원자 폭탄 투하로 일본이 항복하면서 우리나라는 해방을 맞이했다. 그러나 미군과 소련군이 한반도를 남쪽과 북쪽으로 나누어 관리하고자 임시 분계선으로 38선을 그었고 우리 민족은 둘로 나뉘었다. 그 뒤 남북한의 통일을 논의하는 미소 공동 위원회가 두 차례에 걸쳐 열렸지만 결렬되고 말았다. 결국 1948년 5월 10일 38선 이남 지역에서만 유엔의 감시 아래 자유 총선거가 실시되어 제헌 국회가 구성되고 8월 15일 '대한민국' 정부 수립이 선포되었다. 한편 38선 이북 지역에서는 1948년 9월 9일 '조선 민주주의 인민 공화국'의 수립을 선포하였다.

그리고 2년 뒤인 1950년 6월 25일, 북한의 남침으로 한국 전쟁이 일어났다. 전쟁 초반에 남한은 서울을 점령당하고 국군은 낙동강까지 후퇴했지만 유엔군의 참전으로 전세가 역전되었으며, 그 기세를 몰아 유엔군과 국군은 평양을 점령하고 압록강까지 이르렀다. 그러다가 중국 공산당 군대가 개입해 다시 후퇴해야 했다. 그 뒤 38선 부근에서 남북한은 한 뼘의 땅이라도 더 차지하기 위해 2년 가까이 치열한 전투를 벌였는데, 이때 수많은 사상자가 나왔다. 마침내 1953년 7월 27일 휴전 협정이 맺어지면서 38선 대신 새로운 정치·군사 분계선인 휴전선이 생겨났다.

그러면 남북한이 분단된 국내외적 배경과 원인은 무엇일까?

국제적으로는 한반도의 지정학적 위치가 중요하고 2차 세계 대전을 처

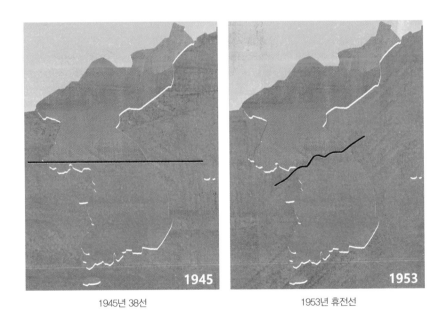

1945년 38선   1953년 휴전선

리하는 과정에서 강대국의 의도가 크게 작용했기 때문이다. 38선은 일시적인 기준이었는데, 그 명분은 일본 군대를 무장 해제하고 일본인들을 본국으로 귀환시킨다는 것이었다. 카이로 회담과 포츠담 회담 등에서 미국·영국·중국·소련은 한반도를 잠시 신탁 통치한 후 독립을 부여한다는 정도의 결론만 내린 채 회의를 마무리했다. 그러자 미국과 소련이 각각 한반도에서 자신들의 영향력을 확대하기 위해 북한에는 소련군을, 남한에는 미군을 각각 주둔시키면서 분단이 고착화했다.

국내적으로는 우리 민족의 응집력과 역량이 제대로 발휘되지 못했기 때문이다. 우리 민족은 3·1 운동을 비롯하여 국권 회복을 위해 나라 안팎에서 다양한 방법으로 노력했다. 또한 1919년에 수립된 대한민국 임시 정부를 중심으로 연합 전선을 구축하고 연합국의 일원으로 '한반도 진공 작전' 등에 참여하며 주체적인 역할을 했다. 그러나 갑작스러운 일본의 항복으로 대한민국 임시 정부의 노력은 결실을 거두지 못했다. 그 뒤 남북한 총선거가 무산되고 남한과 북한에 각각 정부가 수립되면서 분단을 맞이한 것이다.

52.
통일을 해야 하는 이유는 무엇일까?

　2016년, 경북 성주에 미국의 '고고도 미사일 방어 체계'(TAHHD)를 배치하는 문제로 국내가 떠들썩했다. 2014년 6월 전 한미 연합 사령관이 사드를 한반도에 배치할 필요성을 제기한 지 2년 만에 사드 배치 지역이 확정된 것이다. 사드 배치에 대해 중국, 북한, 러시아는 우려를 나타내는 동시에 단호하게 반대했지만, 북한의 핵 실험이 지속되는 상황 등이 겹치면서 우리 정부는 2016년 7월 사드 배치를 공식 발표했다. 그러자 사드의 영향권에 놓이게 된 중국은 두 나라 간 여행객 통제, 사드 배치 부지를 제공한 우리나라 기업의 매장에 대한 압박과 영업 정지 등 다양한 보복 조치를 했다. 북한은 이러한 상황에도 아랑곳하지 않고 계속 핵 실험과 장거리 미사일 실험을 하고 있다.

　연평도 포격 사건, 여러 차례의 서해 교전, 최근의 사드 문제에 이르기까지 남북한의 군사 문제가 끊이지 않고 있다. 이런 점을 볼 때 우리가 전쟁이나 테러의 공포에서 벗어나 평화로운 삶을 누리려면 통일의 필요성이 절실하다. 그러면 남북통일이 필요한 이유를 여러 각도에서 살펴보자.

　무엇보다도 남북통일은 인도주의 차원에서 필요하다. 한반도에는 분단과 한국 전쟁으로 수많은 이산가족이 생겨났는데, 그들은 아직도 서로 만

나지 못하는 고통 속에 살고 있다. 게다가 이산가족 세대가 점점 노령화하고 있어 통일이 더욱 시급하다.

둘째, 훼손된 민족의 정체성을 회복하고 자부심을 높이기 위해서도 통일이 필요하다. 우리 민족은 다른 민족의 침입을 수없이 받으면서도 민족의 정체성을 유지해 왔다. 그러나 긴 시간 분단되어 민족의 이질화를 겪고 있다. 통일을 이루어 점점 심각해지는 민족의 이질화 현상을 극복하고 동질성을 회복할 필요가 있다.

셋째, 국력 낭비를 없애고 국토를 효율적으로 이용하기 위해 통일이 필요하다. 남북한은 현재 군사, 외교 등 엄청난 분단 비용을 쓰고 있으며, 이 때문에 교육이나 복지에 충분한 지출을 못하기도 한다. 또한 남한의 풍부한 자본과 기술, 북한의 천연자원을 충분히 활용하지 못하고 대륙과 해양을 잇는 한반도의 지리적 이점도 살리지 못하고 있다. 통일이 된다면 남북한은 서로의 부족한 점을 채우고 국가 경쟁력을 강화할 수 있을 것이다.

넷째, 남북한이 통일되면 세계 평화에 기여할 수 있다. 세계에서 유일한 분단 지역인 한반도는 '긴장의 땅'이라 불리고 있다. 미국과 일본, 중국과 러시아는 남북한의 정치·군사적 상황을 눈여겨보며 자신들의 이익을 위해 긴장의 끈을 늦추지 않고 있다. 따라서 한반도가 통일이 된다면 동북아시아의 평화는 물론 세계 평화에도 크게 기여할 것이다.

통일을 해야 하는 이유가 이렇게 많은데도, 어떤 사람들은 통일이 되면 엄청난 세금을 내고 큰 희생을 치르게 될 것이라고 전망한다. 물론 어느 정도는 그럴 것이다. 그러나 우리는 멀리까지 내다보고 장기적으로 생각할 필요가 있다. 통일을 위해 필요한 지출이나 어느 정도의 불편함에 비할 수 없을 정도로 큰 편익이 우리에게 돌아오리라는 점을 인식해야 한다.

53.
통일에 반대하는 논리와
이를 반박하는 논리는 무엇인가?

지금 대한민국에서는 남북통일을 할 필요가 없다고 생각하는 사람도 많다. 그 사람들은 왜 통일에 반대하는지, 그리고 이런 생각에는 어떤 문제점이 있는지 살펴보자.

첫째, 나는 이산가족이 아니기 때문에 굳이 통일해야 할 필요가 없다는 주장이다. 그러나 소중한 가족, 혈육과 헤어져 생사도 모르는 고통 속에 살다가 그리던 고향 땅을 다시 밟아 보기만 애타게 기다리는 이산가족이 2017년 현재 6만여 명이나 있다. 이들의 아픔은 국가와 민족의 아픔이며 해소되어야 마땅하다.

둘째, 통일하려면 많은 세금을 부담해야 하는데 나에게 돌아오는 이익은 별로 없다는 주장이다. 그러나 통일이 되면 남북한은 다양한 인적·물적 자원을 통합하여 경제 강국으로 떠오를 여건을 마련할 수 있을 것이다. 또한 북한 지역에 여러 가지 기반 시설을 구축하기 위한 다양한 일자리가 생겨나고, 경제·문화·행정 등을 통합하는 과정에서 필요한 새로운 일자리도 생겨날 것이다.

셋째, 경제적으로 뒤떨어진 북한이 우리에게 피해만 줄 것이라는 주장이다. 물론 경제적으로는 북한이 낙후한 상태이긴 하지만 북한에는 천연

자원, 관광 자원, 인적 자원 등이 풍부하기 때문에 통일이 되면 남북이 서로 상승 효과를 일으켜 오히려 엄청난 경제적 이익을 창출할 것이다.

넷째, 통일이 되면 북한 사람들이 남쪽으로 몰려와 사회적으로 혼란스러워지고 범죄가 늘어날 수 있다는 주장이다. 그러나 혼란이 발생할 수는 있어도 이는 단기간에 나타나는 현상일 것이다. 그보다는 거꾸로 남한 사람들이 북한 지역에 많은 투자를 하고 북한으로 진출할 좋은 기회가 될 것이다.

54.
통일로 얻는 편익은 무엇이며, 우리의 삶은 어떻게 변화할까?

오늘날 우리나라 사람들은 유럽, 아메리카 대륙뿐만 아니라 아프리카까지 가서 여행을 즐긴다. 그러나 정작 가장 가까운 곳에 있는 북한에는 여행을 갈 수 없다. 따라서 통일이 된다면 맨 먼저 북한 관광이 엄청나게 활성화될 것이다. 중·고등학교 수학여행지로 북한 지역이 큰 인기를 누릴 수도 있다.

지금은 중단되었지만, 예전에는 금강산 관광을 할 수 있었다. 금강산은 세계적인 명산으로, 사계절이 각각 다른 이름으로 불릴 정도로 산세가 빼어나다. 또한 북한에는 우리 민족의 정기가 흐른다는 백두산이 있다. 백두산은 한반도에서 가장 높은 산으로, 희귀한 야생 동식물이 많이 서식해 유네스코 생물권 보전 지역으로 지정되었다. 신비롭고 웅장한 화산 지형을 비롯해 해발 고도를 따라 다양한 풍경이 나타나며, 특히 설경과 칼데라호인 천지는 최고 경관으로 꼽힌다. 백두산에 버금가는 명산인 묘향산도 있다. 청천강의 발원지로 산세가 아름다운 묘향산은 특히 가을 단풍이 으뜸이며, 보현사와 석탑 등 주요 문화재도 있다.

북한의 수도인 평양에도 많은 사람들이 몰릴 것이다. 평양은 대동강을 끼고 있는 평야 지대로 사람이 살기 좋은 자연환경을 갖추었으며, 여기에

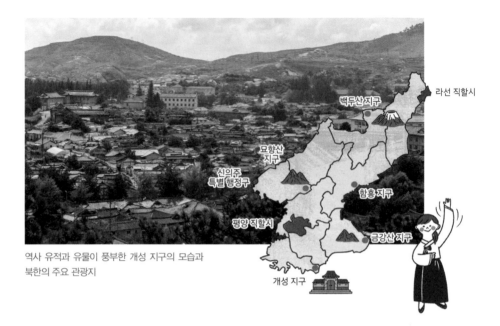

역사 유적과 유물이 풍부한 개성 지구의 모습과
북한의 주요 관광지

서는 북한 공산주의 이데올로기를 표현하는 각종 박물관과 공연장, 시설
물, 조형물들을 볼 수 있다. 또한 고구려와 고려의 중심 지역이었기 때문
에 유물과 유적이 풍부하다. 마지막으로, 개성 지구 또한 훌륭한 관광지이
다. 고려의 도읍이었던 이곳에 선죽교, 왕건릉, 공민왕릉, 박연 폭포 등 우
리가 역사 시간에 흔히 들어 봤을 법한 장소들이 있다.

통일이 되면 또 하나의 엄청난 변화를 기대할 수 있다. 바로 대륙과 해
양을 잇는 한반도의 특성을 살려 동북아 무역의 중심지로 거듭날 수 있다
는 것이다. 현재 국토 이용 면에서 남한은 섬이나 다름없다. 왜냐하면 육
상 교통을 이용해서는 북한 지역으로 오갈 수 없기 때문에 중국이나 러시
아에 가려면 비행기나 배만 이용할 수 있다. 그런데 통일이 된다면 북한
지역을 거쳐 대륙 횡단 열차로 이어지고 중국·몽골·러시아를 거쳐 중앙

아시아·서남아시아·유럽까지 철도와 도로가 연결되어 우리나라는 대륙과 해양을 잇는 물류의 중심지로 새롭게 발돋움할 수 있다. 아시아·유럽 지역과 무역을 할 때 시간과 비용을 절약할 수 있어서 우리나라의 경제는 더욱 크게 발전할 것이다. 또한 유라시아 대륙 곳곳으로 자동차와 기차를 이용해 여행을 즐기는 사람들도 많이 늘어나 우리의 시야와 활동 영역이 크게 넓어질 것이다.

아시안 하이웨이는 아시아 32개국을 횡단하는 고속 도로이다. 그중 1번과 6번 도로가 우리나라와 연결되어 있다. 통일이 되면 이 도로를 달릴 수 있을 것이다.

통일하려면 많은 세금을 내고 불편함과 혼란을 겪을 것이라고 생각하는 사람들이 많다. 하지만 공리주의 관점에서 통일 이후 얻게 될 이익을 생각한다면 통일이 필요함을 인정할 수 있을 것이다. 공리주의란 더 많은 사람에게 더 많은 이익이나 쾌락, 행복을 증진시키는 행위를 바람직하다고 보는 사상, 즉 '최대 다수의 최대 행복'을 원칙으로 제시하는 사상이다. 통일은 우리 민족 모두의 이익과 행복을 증진한다는 점에서 정당성이 있다. 따라서 통일에 필요한 비용과 통일로 얻게 되는 편리함과 이익을 잘 계산하고 따져 볼 필요가 있다.

통일과 관련된 비용에는 분단 비용, 평화 비용, 통일 비용 등이 있다.

분단 비용은 지금 남북한이 대치하고 있는 상황에서 발생하는 비용이다. 병력·무기 등 국방에 소요되는 안보 비용, 다양한 외교 비용과 전쟁 가능성에 대한 공포나 이산가족의 고통, 국토 이용의 제한 등에서 비롯되는 비용이 모두 포함된다. 이런 비용은 소모적이며 불필요한 낭비의 성격을 띠기도 하므로 통일을 이룩하여 분단 비용을 최소화하는 것이 필요하다.

평화 비용은 현재 한반도의 평화를 유지하는 데 필요한 비용이다. 평화 비용은 소모적인 성격이 강한 분단 비용과는 달리 투자 성격을 띤다. 금강산 관광 사업이나 개성공단 사업, 북한 지역 쌀 지원 사업 등 북한 지원과 교류 협력 사업, 북한 지역의 사회 간접 자본 확충 등 남북 경제 협력에 들어가는 비용이 이에 해당한다. 평화 비용은 한반도의 긴장 완화와 평화 정착을 위한 비용으로, 분단 비용을 줄여 주는 효과가 있다.

통일 비용은 통일을 이루는 과정에서 들어가는 비용이다. 통일 비용으로는 제도 통합 비용, 위기관리 비용, 경제적 투자 비용을 들 수 있다. 제도 통합 비용은 정치 제도와 행정 제도, 금융과 화폐 통합 등 서로 다른 두 체제를 통합하는 데 드는 비용이다. 위기관리 비용은 통일 과정에서 발생하는 혼란을 수습하기 위한 치안과 인도적 차원의 긴급 구호 등 초기 사회 문제를 처리하는 데 드는 비용이다. 경제적 투자 비용에는 도로, 전기, 상하수도, 공장 등 북한 지역의 발전 동력과 남북한 주민 간의 서로 다른 가치관에 따른 갈등, 범죄와 사회적 일탈과 특정 지역의 인구 과밀로 인한 혼잡 문제를 해결하는 비용이 포함된다. 통일 비용은 통일에 따른 편익을 높이기 위한 것으로 미래를 위한 투자 성격이 강하다.

통일 관련 비용 대비 통일로 얻을 수 있는 편익을 다음 표를 보면서 생각해 보자.

〈표1〉과 〈표2〉를 살펴 볼 때 통일은 경제적 측면, 인도적 측면, 사회 문화적 측면, 정치적 측면, 생태 환경적 측면 등 여러 측면에서 편익을 가져다준다는 것을 이해할 수 있다. 통일 비용이 비록 적게 드는 건 아니지만, 부가 가치를 유발하고 국방비가 절감되며 국가 위험도가 감소하는 등 통일 편익을 고려해 본다면 통일 순편익은 실로 엄청나다는 것을 예상할 수 있다. 또한 분단 비용은 통일이 늦춰지면 늦춰질수록 장기간 계속 발생하는 반면 통일 비용은 단기간에 한시적으로 발생하기 때문에 통일을 앞당

	북한 지역의 경제발전	통일한국의 브랜드 가치 상승
경제적 이익	• 한계 기업, 중국, 베트남 진출 기업, 한국 내 노동집약 기업의 북한 진출 • 남북한의 시장 통합, 내수 시장의 확대 **국제 경쟁력 상품의 증가** 현재 10개에서 통일 이후 20~30여 개로	• 분단 비용 해소, 국방비 절감 • 분쟁지역 이미지 탈피 • 한국기업의 신용평가 등급 상승 **코리아 디스카운트(Korea Discount) 현상 해결** **코리아 프리미엄(Korea Premium)**

	인도적 편익	사회 문화적 편익	정치적 편익	생태 환경적 편익
비경제적 이익	• 이산가족 문제 해결 • 북한 지역의 민주화 촉진 • 북한 지역 주민의 인권 및 자유 신장	• 왜곡된 양쪽 사회를 정상화 • **포용 문화의 확대 :** 학술 및 문화 발전 • **관광 및 여가, 문화 서비스 향상**	• 민주주의 확산과 정착 • 국제적 위상 제고 • 전쟁 위험 해소	• 통일 한반도의 생태 및 환경 친화적 관리, 남북한 연계 관광 • DMZ(비무장 지대)의 평화적 이용 • 남북한 공유하천의 효율적 관리

〈표1〉 여러 측면에서 본 통일 편익

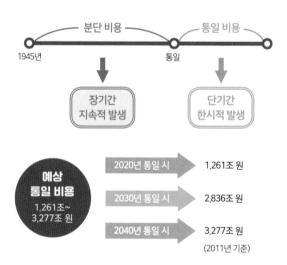

〈표2〉 분단 비용과 통일 비용

길수록 우리가 부담해야 하는 비용은 더 줄어들 것이다. 따라서 우리는 막연한 부담감에서 벗어나 통일이 곧 가져다줄 여러 편익을 충분히 고려하여 통일의 필요성을 제대로 인식해야 한다.

통일의 필요성에 대한 의구심, 통일 편익이나 통일 관련 비용에 대한 오해 등은 통일을 가로막는 큰 장애물이다. 통일은 서로 다른 체제와 제도, 서로 이질적인 주민의 삶을 통합하는 과정이기 때문에 비용과 노력이 따르기 마련이다. 그러나 통일은 비용만 초래하는 것이 아니라 이를 상쇄하고도 남을 정도의 편익과 혜택을 안겨 준다. 분단 관리에 드는 노력과 비용인 분단 비용이 소멸하며, 남북한 경제 통합에 따른 경제적 편익은 물론 북한 주민의 인권 신장이라는 인도적 편익, 학문의 발전과 관광 기회 향상이라는 사회적·문화적 편익도 창출된다. 또한 통일은 민족의 정체성을 확립하고 자부심을 되찾는 데 기여하며, 우리나라가 크게 발전하는 데 주춧돌이 될 것이다.

56.
동아시아의 역사 갈등과
그 해결 방안에는 어떤 것이 있을까?

　남북 분단의 문제와 함께 우리나라가 해결해야 할 문제는 바로 동아시아의 역사 갈등 문제이다. 넓게 볼 때 동아시아는 한국, 중국, 일본뿐 아니라 러시아, 베트남, 필리핀, 말레이시아 지역까지 포함한다. 그러나 일반적으로 동아시아의 역사 갈등 문제는 주로 한국, 중국, 일본 세 나라의 역사와 관련된 것이라 할 수 있다.

　동아시아의 역사 갈등 문제로는 일본과 관련된 것이 많다. 일본군 '위안부' 문제, 일본의 역사 교과서 왜곡 문제, 야스쿠니 신사 참배 문제를 들 수 있는데, 이는 일본이 과거 제국주의 침략을 반성하지 않는 태도에서 비롯된 것이다.

　국제적으로도 가장 널리 알려진 문제는 일본군 위안부 문제이다. 일본은 2차 세계 대전 때 다른 나라를 침략하면서 일본군 위안부로 식민지 여성들을 동원했다. 그러나 일본 정부는 자신들이 나서서 한 일이 아니라는 주장만 되풀이하면서 진정성 있는 사과와 보상을 하지 않고 있다. 한때 일본의 관방장관이 공식적으로 사과하기도 했지만, 일본 정부는 여전히 책임 있는 과거 청산은 회피한 채 이를 정치적으로까지 이용하고 있다. 유엔 인권 위원회는 일본 정부의 공식적인 사과, 문서 공개, 범죄자 처벌을 요구

위안부 피해자들을 기리는 소녀상

했으며, 2009년에는 미국, 캐나다, 유럽 연합 등의 의회가 일본의 사과와
보상을 요구하는 결의안을 채택했다.

다음으로 일본의 역사 교과서 왜곡 문제를 살펴보자. 일본은 1990년대
이후 경제가 침체되면서 보수 세력의 목소리가 커졌는데, 이들은 침략 전
쟁의 상징인 욱일기와 기미가요를 각각 국기와 국가로 만드는 법을 제정
했다. 그리고 평화 헌법˙을 개정하여 사실상 일본이 다른 나라를 침략할
수 있게 만들었다.

이와 함께 일본은 초·중·고교 역사 교과서에서 한국의 고대사·근대사

● **평화 헌법**: 2차 세계 대전에서 패한 일본이 1946년에 공포한 헌법 9조의 별칭. 승전국인 미국의
주도로 만들어진 것으로 일본이 국권의 발동에 의한 전쟁, 무력에 의한 위협, 무력 행사를 포기할
것을 규정하고 있다.

·현대사 등을 모두 왜곡해서 기술했는데, 특히 현대사 부분을 가장 심각하게 왜곡했다. 예를 들어 침략을 '진출'로, 외교권 박탈과 내정 장악을 '접수'로, 토지 약탈을 '토지 소유권 확인, 관유지로서의 접수', 독립운동 탄압을 '치안 유지 도모' 등으로 호도했다. 또한 조선어 말살 정책을 '조선어와 일본어를 공용어로 사용', 신사 참배 강요를 '신사 참배 장려' 등으로 왜곡 기술했다. 자신들의 식민지 지배와 침략 전쟁을 미화하는 역사관을 기정사실화한 것이다. 이에 한국과 중국에서는 일본 정부에 강력히 항의하고 일본의 시민운동가들과 함께 역사 왜곡 저지 운동을 펼치고 있다.

또한 야스쿠니 신사 참배 문제도 있다. 일본 도쿄에 있는 야스쿠니 신사에는 도조 히데키 등 2차 세계 대전의 A급 전범들이 합사(둘 이상의 혼령을 한곳에 모아 제사를 지내는 것)되어 있다. A급 전범이란 일본의 전쟁 범죄를 처벌하려고 열린 극동 국제 군사 재판(도쿄 재판)에서 죄가 가장 무겁다고 인정된 28명의 전쟁 범죄자들을 가리킨다. 일본의 보수 정치인들은 개인이나 수상 자격으로 야스쿠니 신사를 참배하고 있다. 2001년 고이즈미 총리와 최근 아베 총리도 야스쿠니 신사를 참배했는데, 한국을 비롯한 아시아 여러 나라뿐만 아니라 일본 내에서도 이에 강력히 반발하면서 침략의 역사를 반성하지 않는 행동이라고 비판하고 있다.

그리고 동아시아 역사 갈등 문제로 중국의 동북 공정을 들 수 있다. 동북 공정은 '중국 국경 안에서 전개된 모든 역사를 중국 역사로 만들기 위해 2002년부터 중국이 추진한 동북쪽 변경 지역의 역사와 현상에 관한 연구 프로젝트'를 말한다. 중국은 동북 공정을 토대로 고조선, 고구려, 발해 등의 역사를 중국의 지방 역사이며, 한민족의 역사와 문화가 본래 중국 고유의 역사라고 주장하고 있다. 한 예로, 중국 랴오닝성의 성산산성 표지석에는 "고구려 민족이 고대부터 중화 민족을 구성하는 일원이었다."는 문구가 적혀 있다. 이처럼 중국은 한민족의 고유성이나 정체성을 인정하지 않고 중국 역사의 한 부분이라고 은연중에 왜곡하고 있다.

한편, 이러한 역사 갈등 문제를 해결하려는 노력들도 나타나고 있다. 국가 차원에서는 정상 회담이나 주요 장관 회의에서 과거사 문제를 정리하고, 영토 분쟁이나 군사적 대립 현안을 협의해 나가고 있다. 민간 차원에서도 일본의 역사 교과서 왜곡에 대응하고 역사 갈등을 완화하고자 한·중·일의 학자, 교사, 시민 등이 『미래를 여는 역사 – 한중일이 함께 만든 동아시아 3국의 근현대사』라는 역사책을 발간했다. 또한 음악과 영화, 드라마를 통한 문화 교류와 청소년 교류 등도 동아시아 3국 상호 간의 이해를 증진해 역사 갈등 문제를 해결하는 데 도움이 될 것이다.

57.
국제 사회에서
우리나라의 위상은?

국제 사회에서 우리나라가 차지하는 역사적·경제적·문화적·정치적 위상을 차례로 살펴보자.

역사적으로 우리 민족은 고조선을 건국한 이래 다른 나라와 민족의 수많은 침략을 겪었다. 고조선 때는 한나라의 침략, 삼국 시대에는 수나라와 당나라의 침략, 고려 시대에는 거란·몽골·홍건적·왜구 등의 침략, 조선 시대에는 왜국과 청나라·미국·프랑스의 침략을 받았다. 그러나 우리 민족은 이러한 위기를 잘 넘기고 민족의 정체성과 통일 국가의 면모를 유지해 왔다.

경제적으로도 우리나라는 국제적 위상이 높다. 우리나라는 일제 강점기의 아픔을 겪고 남북 분단, 한국 전쟁 때문에 어려움에 빠지기도 했다. 하지만 1960년대 이후 세계에서 유례를 찾아볼 수 없을 정도로 빠르게 발전하여 지금은 세계적인 경제 대국으로 성장했다. 무역 규모로는 세계 10위권이며 의류, 조선, 휴대 전화, 반도체, 자동차 산업을 중심으로 우리나라 기업들은 세계 시장에서 주도적 역할을 하고 있다. 특히 우리나라는 경제 협력 개발 기구, 아시아 태평양 경제 협력체를 비롯해 선진 7개국(G7)과 유럽 연합 이사회 의장국, 그리고 신흥 시장 12개국을 포함한 국제기구인

G20에도 가입하여 그 위상을 인정받고 있다.

우리나라는 문화적으로도 국제적 위상을 높여 가고 있다. 1986년, 2002년, 2014년 세 차례의 아시안 게임, 1988년 서울 올림픽, 2002년 월드컵을 개최했으며, 2018년 동계 올림픽도 성공적으로 마무리했다. 그뿐 아니라 각종 국제 스포츠 대회에서 우수한 성적을 거두며 위상을 높이고 있다. 또한 우리나라의 작가, 가수, 영화감독, 영화배우 등이 문학·음악·드라마·영화 분야에서 능력을 인정받으며 세계 곳곳에서 한류 열풍을 이끌어 가고 있다.

정치적으로 우리나라는 국제 연합 안전 보장 이사회의 비상임 이사국을 지낸 바 있으며, 전 세계 많은 국가들과 수교를 맺는 등 우호 협력 관계를 증진해 나가고 있다. 또한 김대중 전 대통령의 노벨 평화상 수상으로 국제적인 위상을 더욱 높였으며, 2016~2017년 촛불 집회를 통해 직접 민주주의를 실현하고 정권 교체를 이룩함으로써 수준 높은 민주주의의 나라로 세계에서 인정받고 있다.

58.
우리나라는 국제 사회의 평화에 어떻게 기여할 수 있을까?

　1953년 한국 전쟁이 끝날 무렵 우리나라는 인천 상륙 작전으로 잘 알려진 맥아더 장군이 "이 나라가 재건되려면 최소 100년은 걸릴 것이다."라고 말할 정도로 가난했다. 그러나 우리나라는 특유의 정신력과 의지로 경제 성장을 이룩했으며, 지금은 빈곤 국가들을 도우면서 세계 평화에 기여하고 있다. 기아와 빈곤, 억압과 차별 등을 없애고 모두가 인간답게 살아갈 수 있는 평화로운 세상을 만들기 위해 노력하고 있는 것이다.

　세계에서 차지하는 위상을 고려할 때 우리나라는 정치·경제·사회·문화 등 다양한 방면에서 국제 사회의 평화에 기여할 수 있을 것이다.

　첫째, 우리나라는 지정학적으로 대륙과 해양을 잇는 지리적 요충이기 때문에, 우선 남북 분단을 극복하여 동아시아 지역의 군사 대립과 긴장을 완화함으로써 세계 평화에 기여할 수 있다.

　둘째, 우리나라의 경제력을 바탕으로 가난한 나라들을 돕거나 배고픔으로 고통받는 사람들을 원조함으로써 세계 평화에 기여할 수 있다. 원조를 받던 나라에서 원조를 하는 나라로 바뀐 가장 대표적인 예가 바로 우리나라이다. 실제로 우리나라는 국가와 민간 차원에서 많은 해외 원조에 참여하고 있다.

셋째, 우리나라는 국제 연합 회원국으로서 평화 유지군을 파견해 적극적인 평화 유지 활동을 전개함으로써 세계 평화에 기여할 수 있다. 한국 전쟁 때 연합국에게 많은 빚을 진 우리나라는 2017년 현재 총 10개 지역에 1100여 명의 한국군을 파견했다. 그중 레바논의 동명부대와 남수단의 한빛부대 등은 유엔 평화 유지군으로 활동하고 있으며, 소말리아 해역의 청해부대는 다국적군의 평화 활동에 참여하고 있다.

넷째, 우리나라는 친환경적인 산업을 발전시키고 탄소 배출량을 줄여 나감으로써 지구 온난화를 막고 환경을 보호하면서 세계 평화에 기여할 수 있다. 환경 문제는 전 지구적 협력이 필요한 중대한 사안이다. 또한 지금 세대뿐 아니라 미래 세대의 삶의 질과도 직결된 문제이기 때문에 전 세계 모든 나라들이 협력해서 풀어 가야 할 문제이다. 실제로 우리나라도 바젤 협약, 몬트리올 의정서, 기후 변화 방지 협약, 생물 다양성 보존 협약, 런던 협약, 파리 기후 변화 협약 등 수많은 국제 환경 협약에 가입하여 환경 문제 해결에 나서고 있다.

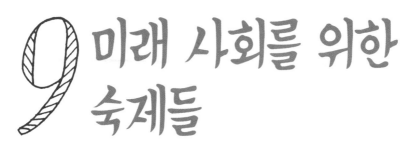

9 미래 사회를 위한 숙제들

미래와 지속 가능한 삶

- ◆ 세계에는 얼마나 많은 사람들이 살고 있을까?
- ◆ 사람들은 주로 어디에 살고 있을까?
- ◆ 세계의 인구 구조는 어떤 형태일까?
- ◆ 인구 이동은 어떤 모습으로 나타날까?
- ◆ 개발 도상국의 인구 문제와 그 해결 방안은 무엇인가?
- ◆ 선진국의 인구 문제와 그 해결 방안은 무엇인가?
- ◆ 자원의 특징은 무엇일까?
- ◆ 석탄, 석유와 천연가스는 어디에 분포하며 어떻게 소비되고 있을까?

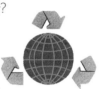

2050년에는 지구의 인구가 약 100억 명에 이를 것으로 전망하고 있습니다. 인구가 늘어나면 인류는 생활을 유지하는 데 필요한 자원을 더 많이 사용할 것이고, 따라서 지구의 자원은 점점 줄어들다가 끝내 고갈될 것입니다. 과연 인류는 증가하는 인구를 유지할 수 있는 자원을 확보하면서 지속 가능한 발전을 실현할 수 있을까요?

오늘날 인류의 삶은 과학 기술의 발달과 경제 발전을 토대로 편리하고 풍요로워졌습니다. 그러나 인류의 미래가 낙관적이지만은 않습니다. 국가 간 갈등은 증가하고 있고, 우리의 삶을 지탱해 주는 지구의 생태적 자연 환경은 빠르게 나빠지고 있습니다.

이 장에서는 인구 문제를 해결하고 지속 가능한 발전을 위해 우리가 개인적·사회적으로 무엇을 준비하고 어떻게 마련해야 할지를 고민해 봅니다.

59.
세계에는 얼마나 많은 사람들이 살고 있을까?

공식적인 인구 조사가 이루어지기 전에는 정확한 인구를 파악하기가 어려웠다. 따라서 인구학자들은 아주 단편적인 자료와 고고학적 증거를 통해 추정치를 내놓는다. 2000여 년 전 예수가 살아 있을 때 세계의 인구는 약 2억 5000만 명쯤으로 추정한다. 2017년 현재 세계의 인구는 75억 명을 넘어섰다. 2000년 동안 세계 인구는 거의 30배쯤 늘어난 셈이다.

사실 산업 혁명 이전까지만 해도 세계 인구는 높은 사망률 때문에 변화가 거의 없었다. 각종 재해와 기근, 질병과 전쟁은 인간의 평균 수명을 단축시켰다. 그중 질병은 특히 많은 사람들의 목숨을 앗아 갔다. 기원전 430년경 아테네에서는 성홍열로 추정되는 질병으로 인구의 3분의 1이 사망했고, 6세기에 동로마 제국의 콘스탄티노플을 강타한 전염병으로 도시 인구의 40퍼센트가 희생당했다. 또한 14세기 중엽에는 유럽 전역을 휩쓴 페스트 때문에 유럽 인구의 3분의 1이 줄어들었다.

세계 인구 성장

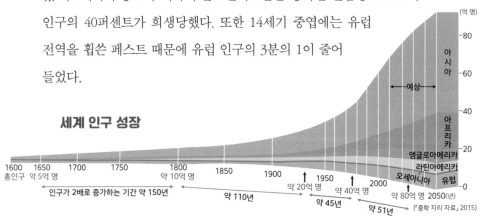

184

그러나 산업 혁명 이후 생활 수준이 향상되고 각종 질병을 예방·치료할 수 있게 되면서 사망률이 크게 낮아지고 인구가 급속히 늘어났다. 2억 5000만 명이었던 인구가 두 배로 늘어나는 데 얼마나 걸렸을까? 전 세계 인구가 5억이 된 시점이 1650년께였으니까, 인구가 두 배가 되는 데 걸린 시간은 1650년이었다.

인구 증가 속도는 점점 빨라져, 1800년대 초반에 10억 명이 되었다. 5억의 인구가 두 배로 늘어나는 데는 겨우 150년밖에 걸리지 않았던 것이다. 그리고 10억 명이었던 세계 인구가 두 배인 20억 명이 되는 데 110년이 걸렸고, 다시 20억 명에서 40억 명이 되는 데는 45년밖에 걸리지 않았다. 이런 추세라면 2050년에는 세계 인구가 90억 명을 넘어설 것이라는 전망이 나오고 있다.

2017년 세계 인구 통계를 보면 하루 평균 33만 1000명이 태어나고 13만 7000명이 사망하여 19만 4000명이 증가하였다. 이를 더 세밀하게 계산하면 1초에 약 3.8명이 태어나고 약 1.6명이 죽어서 1초당 2.2명씩 늘어난 셈이 된다.

그런데 인구 증가는 선진국과 개발 도상국 사이에 큰 차이가 있다. 선진국의 인구 증가율은 낮은 데 비해 개발 도상국의 인구 증가율은 높게 나타난다. 오늘날 개발 도상국은 의학 기술의 혜택을 받으면서 사망률은 빠르게 줄어드는 반면에 출생률은 완만하게 줄어들고 있어 인구가 늘어나는 추세이다. 특히 아프리카와 서남아시아의 인구 증가율이 매우 높으며, 이 지역에 포함된 나라들의 인구가 빠르게 늘고 있다.

1850년 세계 인구는 12억 명이었는데, 그중 개발 도상국의 인구는 선진국의 세 배쯤으로 추정된다. 그런데 그 비중은 더욱 커져, 2025년에는 세계 인구 중 개발 도상국의 인구가 선진국의 여섯 배를 넘어설 것으로 예상된다. 유엔은 인구 증가 추세가 지금처럼 유지된다면 세계 인구는 2030년에 85억 명, 2050년에 97억 명, 2100년에는 112억 명에 이를 것으로 전망하고 있다.

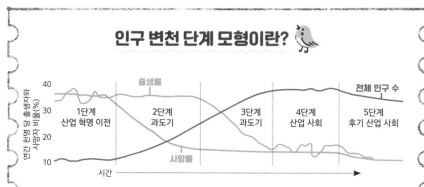

인구 변천 단계 모형이란?

위 그래프는 출생률과 사망률을 토대로 각 나라의 경제 수준에 따른 인구 성장 과정을 파악할 수 있는 인구 변천 단계 모형이다. 산업 혁명 이전 서유럽 국가들은 높은 출생률과 사망률로 인해 자연 증가율이 매우 낮은 1단계에 머물러 있었다. 그런데 산업 혁명 이후 의학 수준이 높아지고 경제 여건이 좋아지면서 사망률이 낮아져 인구가 증가하는 2단계를 거쳤다. 그 뒤 여성의 사회적 진출, 사회적 가치관의 변화 등에 따라 출생률이 점점 줄어드는 3단계를 거쳐, 지금은 출생률과 사망률이 모두 낮아 자연 증가율도 매우 낮은 4단계로 접어들었다. 최근 일부 나라는 사망률이 출생률을 초과하기도 하면서 자연 증가율이 0 이하로 내려가 인구가 줄어드는 5단계에 도달했다고 한다. 하지만 아시아와 아프리카, 라틴 아메리카 등의 많은 개발 도상국들은 1950년대부터 본격적인 산업화를 겪으면서 인구가 급증하는 2단계를 거치기 시작했으며, 지금 대부분의 개발 도상국들은 2단계나 3단계에 머물러 인구 증가율이 높다.

60.
사람들은 주로 어디에 살고 있을까?

세계의 육지 면적은 약 1억 4894만 제곱킬로미터이고, 세계 인구는 약 75억 명이니까 1제곱킬로미터 안에 50명씩 살면 충분하다. 그러나 세계의 인구는 고르게 분포하지 않고 살기 좋은 특정한 지역에 집중하여 분포한다.

인구 분포는 기후·지형 같은 자연환경의 영향을 많이 받지만, 최근에는 경제·정치와 같은 인문 환경의 영향도 크게 받고 있다. 현재 전 세계 인구의 90퍼센트 이상은 북반구에 분포하며, 그중에서도 북반구 중위도 지역에 집중되어 있다. 또 세계 인구의 약 56퍼센트는 해발 고도 200미터 이하

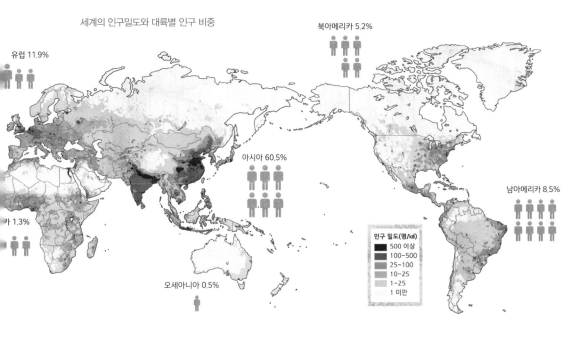

세계의 인구밀도와 대륙별 인구 비중

북아메리카 5.2%

유럽 11.9%

아시아 60.5%

남아메리카 8.5%

아 1.3%

오세아니아 0.5%

인구 밀도(명/㎢)
500 이상
100~500
25~100
10~25
1~25
1 미만

지역에, 약 80퍼센트는 500미터 이하 지역에 살고 있다. 그리고 세계 인구의 약 67퍼센트는 해안에서 500킬로미터 이내에 집중되어 있다. 이는 이런 지역이 인간이 거주하기에 가장 좋은 환경을 갖추고 있다는 것을 말해준다.

현재 세계 인구가 밀집해 있는 곳은 한국·중국·일본 등이 포함된 동아시아, 인도네시아·베트남 등이 포함된 동남아시아, 인도와 방글라데시 등이 포함된 남아시아, 영국·독일·프랑스 등이 포함된 유럽과 미국 동북부 지역 등이 대표적이다. 그중 동아시아와 남아시아는 각각 전 세계 인구의 약 23퍼센트를 차지하고 있으며, 유럽은 전 세계 인구의 약 11퍼센트를 차지하고 있다. 이 밖에 최근 들어서는 아프리카가 출산율이 높아지면서 빠르게 인구가 급증하고 있으며, 라틴 아메리카는 대도시를 중심으로 인구가 집중되고 있다. 이 지역들은 대부분 인간이 거주하기 좋은 자연환경이거나 일찍부터 산업이 발달한 곳이라는 특징이 있다.

반대로 인간이 거주하기에 기후 환경이나 지형 조건이 열악한 지역에는 인구가 적다. 예를 들어 세계에서 가장 큰 섬인 그린란드의 면적은 약 217만 6000제곱킬로미터로 대한민국의 21배나 된다. 하지만 그린란드에 살고 있는 인구는 6만 명이 안 된다. 전 국토의 84퍼센트가 얼음으로 덮여 있으며, 그 밖에는 그냥 돌뿐인 황무지가 대부분이다. 그린란드의 내륙 한가운데는 여름인 7월에도 평균 기온이 영하 12.2℃이며, 겨울인 2월 평균 기온은 영하 47.2℃이다. 한마디로 인간이 거주하기에 매우 불리하다.

오스트레일리아도 국토 면적이 768만 6850제곱킬로미터로 세계에서 여섯 번째로 넓은 나라이다. 한반도 면적의 약 33배 크기이지만 인구는 우리나라의 절반 수준도 안 되는 2400만 명이다. 이렇게 면적에 비해 인구가 적은 이유는 오스트레일리아 국토의 4분의 3이 건조 기후 지역으로 인간이 거주하기에 불리하기 때문이다. 이 밖에 시베리아, 아마존 분지 지역, 캐나다 북부 지역, 미국의 알래스카 등지도 똑같은 이유로 인구가 희박한 곳이다.

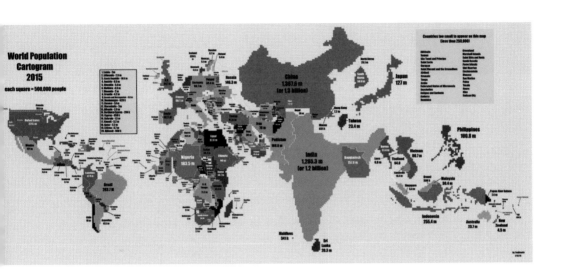

세계 인구 카토그램 🐦

위 지도는 인구 카토그램이라는 지도로 인구수를 토대로 작성했다. 이 지도는 우리가 자주 보던 세계 지도와는 많이 다르다. 지도에서는 세계 인구 1, 2위를 다투는 중국과 인도가 가장 크게 표현되어 있고, 반대로 영토는 넓지만 상대적으로 인구가 적은 오스트레일리아와 캐나다는 작게 표현되어 있다. 이 지도를 보고 우리는 세계의 인구가 고르게 분포되지 않고, 특정 지역과 국가에 집중되어 있다는 사실을 알 수 있다.

61.
세계의 인구 구조는
어떤 형태일까?

　"지구 위의 반은 남자, 지구 위의 반은 여자, 너는 나의 밤을 밝히는 달, 나는 너를 지키는 해가 되리라……." 이것은 가왕(歌王)으로 불리는 조용 필의 노래 〈여와 남〉의 가사 중 일부이다. 그런데 정말 이 노래의 가사 내 용처럼 지구 위의 반은 남성이고 나머지 반은 여성일까? 인구 구조 그래프 는 이런 궁금증을 해결해 준다.

　유엔 보고서에 따르면 세계의 여성과 남성의 비율은 여성 100명당 남성

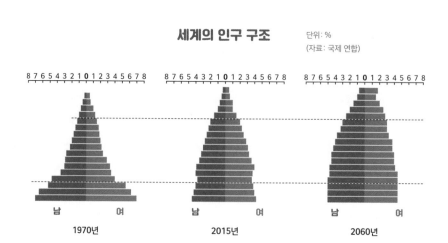

세계의 인구 구조　　단위: %　　(자료: 국제 연합)

1970년　　2015년　　2060년

이 101.8명으로, 남성의 비율이 조금 높은 것으로 알려져 있다.

그러나 각 나라의 사정은 다르다. 서남아시아의 아랍에미리트는 여성 100명당 남성의 수가 무려 274명에 이른다. 전통적인 남아 선호의 영향으로 여성 100명당 남성 106.3명인 중국을 훨씬 앞지르는 수치이다. 반면 북유럽에 있는 라트비아의 여성 비율은 전체 인구의 54.1퍼센트로, 여성 100명당 남성은 84.8명에 불과하다. 아랍에미리트에서 남성 비율이 높은 것은 건설 현장 등에 많은 외국인 남자 노동자들이 흘러들었기 때문이며, 라트비아에서 남성 비율이 낮은 이유는 많은 남성이 알코올 중독, 흡연, 교통사고 등으로 사망하기 때문이다. 두 나라의 인구 구조가 이렇게 다른 이유는 정치·경제·사회의 조건이 다르기 때문이다. 이러한 인구 구조가 안고 있는

아랍에미리트의 인구 구조

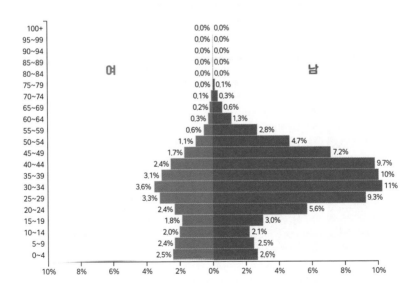

문제를 해결하기 위해서도 나라마다 서로 다른 인구 정책을 세워야 한다.

인구 구조란 한 지역이나 국가의 성별·연령별·산업별 등의 인구 분포를 나타내는 지표로, 국가의 정책을 수립하는 데 매우 중요한 기초 자료이다. 인구 구조의 변화를 알기 쉽게 그린 인구 피라미드는 인구를 성별·연령별로 나타내고 있다. 그래프의 X축은 전체 인구에서 차지하는 비중(퍼센트)이나 인구수를, Y축은 연령대를 나타내며, 보통 그래프의 왼쪽은 남성, 오른쪽은 여성이다.

선진국과 개발 도상국의 인구 구조는 매우 다르다. 인구 구조가 경제 수준, 사회 제도에 따라 다르게 나타나기 때문이다. 예를 들어 선진국인 프랑스와 개발 도상국인 카메룬을 비교해 보면 유소년층 인구 비율은 카메룬이 높고, 노년층 인구 비율은 프랑스가 높다. 또한 남녀의 인구 비중을 나타내는 성비는 두 나라 모두 유소년층과 청장년층에서는 큰 차이가 없지만 노년층에서는 여성의 비율이 높게 나타난다. 이는 여성의 평균 수명이

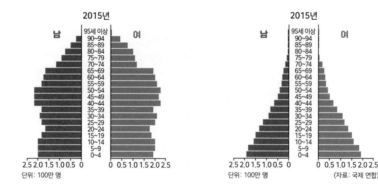

프랑스와 카메룬의 인구 구조

대체로 길기 때문이다.

　성비 문제가 심각한 나라로는 중국과 인도를 들 수 있다. 그중 인도에서는 성비가 약 110, 즉 여성 100명당 남자의 수가 110이다. 그래서 인도는 페르시아만의 극단적인 예를 제외하고는 성비 불균형이 가장 심한 나라로 꼽힌다.

　남아 선호 관념이 강한 인도에서는 딸을 임신하면 낙태를 하는 경우가 많다. 하루 2000명 이상의 여아가 자궁 속에서 살해되고 있다고 한다. 이런 문제를 해결하기 위해 인도 정부에서는 여아 낙태를 줄이자는 캠페인을 펼치고 있다.

여아를 낙태에서 구하자는 홍보물. 인도

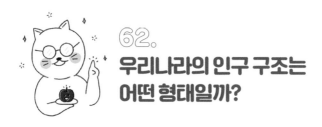

62.
우리나라의 인구 구조는 어떤 형태일까?

1970년 우리나라의 초등학교 한 학급당 평균 학생 수는 62.1명이었다. 지금 한 교실에 학생 60명이 넘게 있다고 상상해 보자. 옛날보다 키가 크고 몸집도 큰 아이들이 많기 때문에 교실에는 빈 공간이 전혀 없을지도 모른다. 그 시절에 학교를 다닌 어른들은 '콩나물시루' 같던 교실 풍경이 떠오를 것이다.

1970년대부터 학급당 학생 수는 꾸준히 줄어 현재 초·중·고교의 학급당 평균 학생 수는 30명 안팎이다. 그런데 이런 추세로 가면 2018년 이후에는 대학 입학 정원보다 고등학교 졸업자 수가 적어질 것이라고 한다.

우리나라의 인구 구조를 보면 2015년 말 기준 학령 인구(만 6세 이상부터 만 21세까지의 인구)는 887만 명으로, 지난 1996년의 1171만 명보다 284만 명(24.25퍼센트)이 줄어들었다. 20년 사이 학생 수가 4분의 1 줄어든 것이다.

그러나 앞으로가 더 큰 문제이다. 학령 인구는 오는 2020년이면 775만, 2040년 669만으로 계속 줄어 2060년에는 488만 명이 될 것으로 예측되고 있다. 이런 문제에 대책을 세우기 위해서는 우리나라 인구 구조의 변화를 알아야 한다.

우리나라는 1960~1970년
대 출산율이 높아 유소년층
의 비율이 40퍼센트가 넘는
전형적인 피라미드형 인구
구조였다. 그러나 꾸준한 경
제 발전과 근대화로 정부의
적극적인 출산 억제 정책이
어느 정도 성과를 내면서 유
소년층의 비율이 줄어들기
시작했다. 그 결과 1960년에
6명이던 합계 출산율이 급격

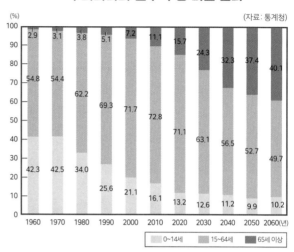

우리나라의 인구 구성 비율 변화

(자료: 통계청)

히 낮아지기 시작했고, 1990년대 중반부터는 출산을 억제하는 산아 제한
정책이 불필요해져 사실상 폐기되었다.

게다가 경제 성장과 2·3차 산업의 발달, 교육 기회 확대 등에 힘입어 여
성의 사회 진출이 늘어났다. 1980년 중반 여성의 평균 결혼 연령은 24.1세
였다. 그 뒤 2000년 초반에는 26.5세, 2016년에는 30.1세로 결혼 연령이 꾸
준히 높아지고 있다. 반드시 결혼해야 한다는 인식이 약해지고, 결혼을 해
도 꼭 아이를 낳아야 한다는 관념이 바뀌어 출산율은 점점 낮아지고 있다.

현재 우리나라의 인구 구조는 출생률과 사망률이 동시에 낮아져 인구
증가가 정체하는 종형 구조를 보이고 있다. 이런 추세가 지속된다면 인구
가 줄어드는 방추형 구조로 바뀔 가능성도 있다.

우리나라는 짧은 기간 동안 산업화와 도시화를 겪으면서 인구 구조가
급변한 대표적인 나라이다. 우리나라의 인구 구조가 앞으로 어떻게 변할

지 예측하고 판단하는 것은 우리의 미래를 어떻게 준비해야 할지를 알려주는 매우 중요한 지표이다.

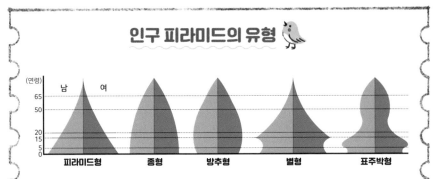

인구 피라미드의 유형

피라미드형 : 저개발 국가와 개발 도상국에서 많이 나타나는 유형으로, 다산다사(多産多死) 및 다산감사(多産減死) 유형에 해당한다. 유소년 인구의 비율이 높고 평균 수명이 짧으며, 유소년 인구에 대한 부양 부담이 크다.

종형 : 선진국의 소산소사(少産少死) 유형에 해당한다. 유소년 인구의 비율이 낮고, 청장년 인구와 노년 인구의 비율이 높다. 평균 수명이 연장되어 인구 고령화 현상이 나타나면서 노인 문제가 발생한다.

방추형 : 출산율 저하로 사망률보다 출생률이 낮아서 인구가 감소하는 유형. 유소년 인구의 비율이 낮고, 청장년 인구와 노년 인구의 비중이 높아 장기적으로 노동력 부족 문제가 발생하기 때문에 국가 경쟁력이 약해질 수 있다.

별형 : 생산 연령층 인구의 전입이 많은 도시와 근교 농촌 지역에서 나타나는 유형. 청장년 인구의 비율이 높으며 도시형이라고도 한다. 이 유형이 나타나는 지역에서는 주택 부족, 교통 체증 같은 각종 도시 문제가 발생하기도 한다.

표주박형 : 청장년 인구의 전출로 노년 인구의 비율이 높은 농촌형. 이 유형이 나타나는 지역에서는 노동력 부족 현상이 나타난다.

63.
인구 이동은 어떤 모습으로 나타날까?

미국과 멕시코 국경 사이에는 높은 장벽이 있다. 두 국가 간 국경 길이 3144킬로미터 가운데 현재 1049킬로미터에 다양한 형태의 장벽이 세워져 있다. 2017년 미국 대통령에 취임한 트럼프는 미국과 멕시코의 나머지 국경 지역에도 높이 10~12미터, 폭 3미터의 장벽을 세우겠다고 줄곧 주장해 왔다. 그는 왜 이런 주장을 할까?

멕시코에서 태어났지만 현재 미국에서 살고 있는 사람들은 1000만 명쯤 된다고 한다. 그런데 그중 절반 정도가 불법 체류자이다. 해마다 몰래 미국으로 건너오다가 사망하는 사람이 500명이 넘는다. 이런 상황에서 불법 체류자를 자신의 나라로 돌려보내야 한다고 주장하는 미국 내 목소리가 커지고 있고, 현재 트럼프 대통령은 불법 이민을 막기 위해 장벽을 더 설치해야 한다고 주장하고 있다. 그런데 멕시코인들은 왜 위험을 무릅쓰고 국경을 넘는 것일까? 그것은 멕시코보다 미국이 생활 기반 시설이 잘 갖춰져 있고 일자리도 많기 때문이다.

한 지역의 인구가 다른 지역으로 이동하는 것은 인류 역사에서 흔한 일이다. 인류는 경제, 정치, 종교, 환경 등 여러 가지 이유로 이동해 왔으며, 이러한 인구 이동으로 세계의 인구 분포가 달라졌다.

국경 길이 **3144Km**
현재(2016년) 장벽이 있는
구간 1049Km

미국

샌디에이고
카운티

멕시코

브라운스빌

멕시코카운티

미국과 멕시코 사이에 세워진 장벽

1492년 콜럼버스가 아메리카 대륙에 발을 디딘 후 에스파냐와 포르투갈은 금과 은 등 각종 자원을 약탈하면서 이 지역을 식민지로 만들었다. 이때 수많은 유럽인들이 중·남부 아메리카로 건너왔다. 북아메리카 지역은 종교의 자유를 찾아온 사람들을 비롯해 영국과 프랑스, 아일랜드, 독일 등에서 많은 유럽인들이 이주했다. 그리고 아메리카로 진출한 유럽계 백인들은 부족한 노동력을 채우기 위해 아프리카 흑인들을 강제로 이주시켰다. 오스트레일리아와 뉴질랜드를 포함한 오세아니아 일대도 유럽인이 식민지로 만들면서 인구의 절대 다수를 유럽계 백인이 차지하게 되었다.

세계의 인구 이동

순이주자 수(인구 백만 명당, 2010년)
순유입 10 이상 / 순유출 10 이상 / 자료 없음
순유입 10 미만 / 순유출 10 미만

(자료: 현대 인문 지리학, 2012)

오늘날에는 교통과 통신이 발달하면서 세계의 인구 이동이 옛날보다 훨씬 많아졌으며, 대부분은 강제적인 요인보다 자발적인 요인으로 이동한다. 특히 경제적 요인 때문에 인구 이동이 많이 이루어지고 있다.

국가별 인구의 유입과 유출 상황을 보면, 선진국이 많은 유럽·북아메리카·오세아니아 등은 대체로 인구 유입이 많은 반면, 개발 도상국이 많은 아시아·아프리카·남아메리카 등은 인구 유출이 많다. 이러한 경제적 인구 이동은 선진국의 부족한 노동력과 개발 도상국의 경제적 이해관계가 맞아떨어진 결과이다.

이 밖에 세계 곳곳에서 전쟁과 종교 탄압, 환경 재앙 등을 피해 안전한 국가로 이동하려는 국제 난민이 발생하면서 인구 이동이 일어나고 있다.

2017년 나이지리아는 인구가 약 1억 9000만 명으로 세계에서 일곱 번째로 인구가 많은 나라가 되었다. 그런데 지금 추세대로라면 2050년에는 약 5억 3000만 명에 이르러 미국을 제치고 세계에서 세 번째로 인구가 많은 나라가 될 것이라고 한다. 80여 년 만에 나이지리아의 인구는 지금의 약 세 배가 되는 것이다.

합계 출산율이 높은 나라들은 대부분 아프리카에 있는 개발 도상국이다. 합계 출산율은 한 여성이 가임 기간(15~49세) 동안 낳을 것으로 예상되는 평균 출생아 수를 말한다. 특히 1위부터 30위 가운데 28개국이 아프리카의 개발 도상국이기 때문에 아프리카의 인구는 더욱 빠르게 증가할 것으로 예상된다. 유엔의 인구 전망 보고서에 따르면, 2100년 이후 세계 인구의 절반이 아

순위	국가	합계 출산율
1	니제르	6.49
2	앙골라	6.16
3	말리	6.01
4	부룬디	5.99
5	소말리아	5.80
6	부르키나파소	5.71
7	우간다	5.71
8	잠비아	5.63
9	말라위	5.49
10	아프가니스탄	5.12

(자료: 미국 CIA 월드팩트북, 2017년)

프리카인이 될 수도 있다고 한다.

한편 세계에서 인구가 가장 많은 중국이 2015년에 '한 가족 한 자녀 두기' 정책을 공식적으로 폐기하면서 앞으로도 인구가 늘어날 전망이며, 두 번째로 인구가 많은 인도도 지금처럼 인구가 늘어나면 2050년에는 17억 명에 이를 것으로 예상된다.

1950년대 이후 아시아, 아프리카, 라틴 아메리카 등에 있는 개발 도상국의 인구는 폭발적으로 늘어났다. 앞으로도 세계 인구에서 개발 도상국이 차지하는 인구 비율은 선진국보다 훨씬 높을 것이며, 그 비중은 계속 높아질 것이라고 한다.

인구 증가는 노동력과 경제가 발전할 수 있는 토대를 확보한다는 긍정적인 측면이 있다. 그러나 인구가 지나치게 늘어난 개발 도상국에서는 식량과 자원 부족에 따른 기아와 빈곤 등의 문제로 많은 사람들이 고통을 받고 있다. 이런 문제는 내전과 같은 상황으로 번지면서 악순환을 낳기도 한다. 또한 사람들이 일자리를 찾아 도시로 몰리면서 도시의 인구가 급증하였다. 도시로의 지나친 인구 집중은 교통 혼잡과 체증, 주택과 일자리 부족, 각종 환경 오염 등의 도시 문제를 낳았다.

그렇다면 개발 도상국에서 인구 급증에 따른 문제를 해결하기 위한 방안에는 어떤 것이 있을까?

첫째, 인구가 늘어나는 속도를 늦출 수 있는 방법을 고민해야 한다. 실제로 개발 도상국 중 많은 나라가 출산을 억제하기 위해 가족계획 사업을 실시하고 있다. 중국은 출산율을 낮추기 위해 1979년부터 '한 자녀 두기' 정책을 시행했다. 이 정책은 인구 급증 문제를 완화하는 데 도움을 주었지만 아들을 선호하는 전통 때문에 성비가 불균형을 이루는 문제를 낳았다.

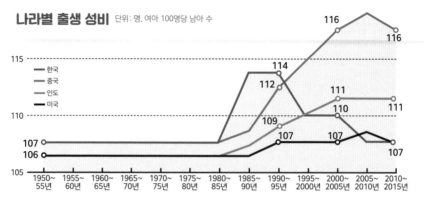

나라별 출생 성비 단위: 명, 여아 100명당 남아 수

- 한국
- 중국
- 인도
- 미국

116
116
114
112
111
111
110
109
107
107
107
107
106

115
110
105

1950~
55년
1955~
60년
1960~
65년
1965~
70년
1970~
75년
1975~
80년
1980~
85년
1985~
90년
1990~
95년
1995~
2000년
2000~
2005년
2005~
2010년
2010~
2015년

(자료: 유엔 세계 인구 전망, 2015년)

한편 인도에서는 정부 차원에서 출산 억제 정책을 꾸준히 추진했지만 종교적인 이유와 높은 문맹률 때문에 별 효과를 보지 못하고 있다.

둘째, 경제 발전을 바탕으로 생활 수준을 향상해야 한다. 중국을 비롯한 많은 개발 도상국들은 식량 생산을 늘리기 위해 경지를 넓히고 농업의 기계화를 적극 도입하고 있다. 또한 대외 무역을 증대하고 경제 개발 계획을 추진하는 등 경제 수준을 끌어올려 인구 부양력˚을 높이는 데 주력하고 있다.

이 밖에 도시로 인구가 집중하는 현상을 막으려면 지역 간 균형 발전을 위한 다양한 정책을 마련해야 한다. 또 해외 이민과 인력의 해외 진출 정책 등을 추진하는 것도 인구 급증 문제를 해결하는 방안 중 하나이다.

● **인구 부양력**: 한 나라의 인구가 그 나라에서 이용 가능한 자원으로 생활할 수 있는 능력.

202

65.
선진국의 인구 문제와
그 해결 방안은 무엇인가?

일본에는 살아서는 갈 수 없고 죽어서만 갈 수 있는 호텔이 있다. 이 호텔의 이름은 '시신 호텔'이다. 도대체 무슨 이유로 이런 호텔을 지은 것일까? 일본에서는 사람이 죽으면 대개 화장을 한다. 일본 사회가 초고령 사회로 변하면서 화장장이 부족한 지경에 이르자 화장장 대기 시간 동안 시신을 안전하게 두고 싶은 유족들의 요구가 높아지면서 생겨난 것이 바로 '시신 호텔'이다. 이 호텔에서는 냉장 기능이 있는 관에 시신을 안치할 뿐만 아니라, 유족이 숙박하면서 장례식을 치를 수도 있고 가격도 저렴한 편이어서 최근 일본에서 인기를 끌고 있다고 한다. 이처럼 일본에서 시신 호텔 같은 업종이 발달하게 된 가장 큰 원인은 고령화 때문이다.

일본 카나가와현에 있는 시신 호텔

일본은 이미 노년층 인구 비율이 20퍼센트가 넘는 초고령 사회˙로 들어섰으며, 고령 사망자 수는 해마다 증가하고 있다. 현재 연간 사망자 수는 약 130만 명이지만, 노년층의 비중이 점점 높아지기 때문에 2030년이 되면 연간 사망자 수가 160만 명으로 늘어날 것으로 예상하고 있다. 일본은 현재 저출산 때문에 유소년층의 비중이 점점 낮아지는 반면, 평균 수명이 길어져 노년층의 비중은 커지고 있다. 일본에서는 이와 같은 초고령 사회의 어려움을 해결하기 위해 적극적인 노력을 기울이고 있다.

일본 정부는 지난 2013년 '고령자 고용 안정법'을 개정하여 사업자가 정년 폐지, 정년 연장, 계속 고용 제도 도입 중 하나를 의무적으로 선택해 실시하도록 하여 큰 효과를 보고 있다. 또한 일본 정부는 비정규직과 고령 여성 등 취업 취약 계층을 대상으로 직업 훈련이나 채용 알선 같은 취업 프로그램을 실시하고 있으며, 고령자들의 근무 형태를 다양화하고 이들의 경험과 지식을 활용하는 방법을 모색하고 있다.

그리고 일본은 저출산 문제를 해결하기 위해서 '1억 총활약 플랜'이라는 정책을 추진하고 있다. 그 내용은 다음과 같다.

① 임금을 올려라 : 비정규직 임금을 정규직의 80퍼센트로

② 노동 시간을 줄여라 : 재택근무, 유연 근무도 장려

③ 아동 수당을 주라 : 중학생까지 10~15만 원 지급

④ 여성을 춤추게 하라 : 직장 내 남녀평등 추진

⑤ 지방을 살려라 : 지방이 죽으면 수도권도 공멸한다.

˙ **고령화** : 65세 이상의 인구가 전체 인구에서 차지하는 비율이 7퍼센트 이상이면 고령화 사회, 14퍼센트 이상이면 고령 사회, 20퍼센트 이상이면 초고령 사회로 구분한다.

이 정책은 50년 뒤에도 일본의 인구를 1억 명 이상으로 유지하겠다는 뜻이 담긴 정책이다. 이 정책은 사실 출산 장려 정책으로, 청년들이 결혼하고 아이를 낳아 기르기 위해서는 안정적인 일자리와 적절한 수준의 소득이 필수라는 인식이 바탕에 깔려 있다.

일찌감치 산업화를 이룬 유럽의 선진국에서도 일본처럼 저출산·고령화 문제를 해결하기 위해 애쓰고 있다. 특히 스웨덴, 프랑스, 영국 같은 나라에서는 출산 장려 정책이 큰 효과를 보고 있다. 이들 국가에서는 출산율을 높이기 위해 출산 수당과 육아 수당을 지급하고, 여성의 사회 활동을 보장하는 법 제도를 마련하거나 보육 시설을 늘려 육아를 돕고 있다.

스웨덴에서는 출산 예정 60일 전부터 480일 동안 출산 휴가를 쓸 수 있으며, 이 기간에는 월평균 소득의 80퍼센트를 받는다. 아울러 12세 이하의 아이가 아프면 1년에 120일까지 간병 휴가를 낼 수 있는데, 이때도 월 평

스웨덴에서는 아빠들의 육아 휴직이 보편화되어 있다.

균 소득의 77퍼센트를 받는다. 스웨덴은 1990년대 초부터 해마다 GDP의 2퍼센트 이상을 보육 인프라 확보에 투자하고, '모든 아이는 모두의 아이'라는 생각으로 육아 문제를 정부가 일괄적으로 관리한다.

이렇듯 선진국에서는 여성들이 일과 가정을 병행할 수 있는 가족 친화적 환경을 만들기 위해 심혈을 기울이고 있다. 그뿐만 아니라 출산과 육아를 위해 남성들도 최장 1년 이상 유급 휴가를 낼 수 있는 등, 양성 평등이 실현될 수 있도록 사회적으로 노력하고 있다.

또한 이들 선진국에서는 고령화 대책으로 연금 제도를 비롯한 각종 사회 보장 제도를 확립하고, 정년 연장과 노인들을 위한 일자리 마련, 노인들의 여가 문화 창출 등 여러 가지 지원 정책을 시행하고 있다. 특히 유럽의 일부 국가에서는 일정 연령이 되면 임금을 줄여 가는 대신에 정년을 보장하는 임금 피크제 등을 선택적으로 도입하여 노년층의 일자리를 마련하려고 애쓰고 있다.

66

우리나라가 안고 있는 인구 문제와
그 해결 방안은 무엇인가?

2033년 국가는 파산 위기에 놓이게 되며 세금과 공공요금은 날로 치솟고 사람이 살지 않는 지방 도시는 방치된 채 황폐해진다.(국회예산정책처)

2060년 우리나라의 잠재 성장률은 0.8퍼센트이며, 국민연금은 고갈된다.(국회예산정책처)

2100년 우리나라 총인구는 2000만 468명으로 줄어들며, 서울의 지하철 9개 노선 중 4개는 폐선된다.(삼성경제연구소)

2400년 부산에서는 탈출 행렬이 일어나고 부산 시민들은 도시 기능이 남아 있는 경기권으로 이주한다.(국회입법조사처)

2505년 서울의 마지막 출생자가 탄생한다.(국회입법조사처)

2705년 대한민국은 지구상에서 가장 먼저 소멸하는 나라가 된다.(국회입법조사처)

2015년 KBS에서 방영한 〈청년이 사라진다 - 대한민국 인구 예측 보고서〉의 내용을 보면 놀랍다. 이는 우리나라의 법률을 입안하는 국회의 연구기관과 민간 경제 연구소에서 발표한 내용을 토대로 만든 것이다.

낮은 출산율이 계속 이어지면 우리나라는 2705년에 지구상에서 자연스

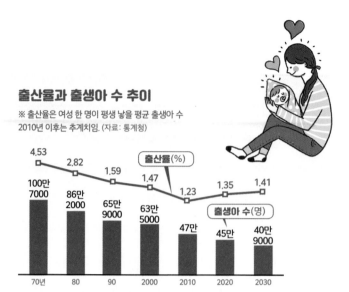

출산율과 출생아 수 추이

※ 출산율은 여성 한 명이 평생 낳을 평균 출생아 수
2010년 이후는 추계치임. (자료: 통계청)

	70년	80	90	2000	2010	2020	2030
출산율(%)	4.53	2.82	1.59	1.47	1.23	1.35	1.41
출생아 수(명)	100만 7000	86만 2000	65만 9000	63만 5000	47만	45만	40만 9000

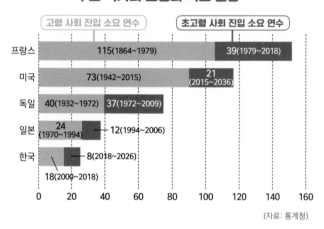

주요 국가의 고령화 속도 전망

고령 사회 진입 소요 연수 / 초고령 사회 진입 소요 연수

국가	고령 사회 진입 소요 연수	초고령 사회 진입 소요 연수
프랑스	115(1864~1979)	39(1979~2018)
미국	73(1942~2015)	21(2015~2036)
독일	40(1932~1972)	37(1972~2009)
일본	24(1970~1994)	12(1994~2006)
한국	18(2000~2018)	8(2018~2026)

(자료: 통계청)

럽게 사라지게 된다고 한다. 우리나라는 현재 세계에서 출산율이 가장 낮아 신생아는 줄고 있으며, 고령화 속도는 다른 어떤 나라들보다도 빠르다.

우리나라에서 저출산이 계속되는 이유는 경제 활동에 참여하는 여성의 증가, 결혼 연령의 상승, 그리고 결혼과 출산에 대한 가치관의 변화 등 여러 가지가 복합적으로 얽혀 있다. 그러나 결혼한 사람들에게 출산을 미루거나 포기하는 가장 큰 이유가 뭔지 물으면 대부분 출산과 양육에 따른 경제 부담이 너무 크기 때문이라고 대답한다. 실제로 보건 복지부 자료를 보면 출생 후부터 대학 졸업 때까지 1인당 평균 양육비가 3억 900만 원 정도 필요하다고 한다. 따라서 아이를 낳고 싶어도 아이 낳는 것을 늦추거나 포기할 수밖에 없는 사회 구조가 가장 큰 문제라고 할 수 있다.

낮은 출산율이 지금처럼 지속된다면 우리나라는 2020년부터 총인구가 줄어들 것으로 예상되며, 이는 노동력 부족과 경기 침체 같은 여러 문제를 더욱 심각하게 만들 것이다.

저출산과 함께 나타나는 고령화 문제는 더욱 심각하다. 고령화가 지금과 같은 속도로 계속된다면 일할 수 있는 생산 가능 인구의 비율은 급격히 줄어들고, 젊은 층이 노인을 부담해야 하는 비용은 늘어나게 된다. 경제 활동 인구보다 노인 인구의 비율이 더 높아지기 때문이다. 2005년에 노인 1명을 부양하는 생산 가능 인구는 8명이었지만 2020년에는 4명, 2050년에는 1명으로 줄어든다. 그렇게 되면 결국 계층 간, 세대 간 갈등이 발생할 가능성이 높아지고, 이는 사회를 불안하게 만드는 요소가 될 것이다.

그렇다면 저출산 문제와 고령화 문제를 어떻게 해결해 나갈 수 있을까?

저출산 문제를 해결해 나가려면 정부의 적극적이고 효율적인 출산 장려 정책이 필요하다. 무엇보다도 여성의 육아 환경을 개선하기 위한

미혼 남녀가 꼽은 저출산 원인
(자료: 듀오, 2016 출산 인식 보고서)

1위	육아로 인한 경제적 부담
2위	일과 가정 양립의 어려움
3위	결혼의 지연과 기피 의식
4위	실효성 없는 국가 출산 정책
5위	사회, 미래에 대한 두려움

다양한 정책이 추진되어야 한다. 예컨대 각종 교육비 지원과 세제 혜택을 주어 아이를 키우는 데 따르는 경제적 부담을 줄여 주어야 한다. 또한 사회적으로 여성이 출산과 육아를 하는 데 어려움이 없는 분위기가 조성되고, 여성을 존중하는 태도를 갖출 수 있게 법과 제도가 마련되어야 한다.

고령화 문제를 해결하려면 노인들이 사회적으로 소외되는 것을 예방하고 경제적으로 자립할 수 있게끔 지원해야 한다. 그러기 위해서 의지할 곳 없는 노인들을 위한 복지 시설과 요양 시설을 늘리고, 노인 문화 시설이나 여가 공간을 늘려야 한다. 또한 기본적인 생활을 할 수 있도록 국민연금 등 노후 소득을 보장할 수 있는 사회 안전망을 마련하며 경제 활동을 보장할 수 있는 직업을 개발할 필요가 있다.

인구 문제를 해결하려면 정부의 정책과 사회적 인식, 그리고 개인의 노력 등 복합적으로 판단하고 고민해야 할 점이 많다. 그중에서도 우리가 잊지 말아야 할 점은 서로 다른 시대를 살아가는 세대들 사이에 공평하고 효율적인 해결 방안을 모색해야 한다는 것이다. 장기적인 안목 없이 지금 세대만 만족하는 수준의 방안이라면 결국 미래 세대에게 부담을 주게 될 것이다. 우리가 인구 문제를 해결하기 위해서는 무엇보다 다른 세대의 처지를 이해하고, 미래 세대에게 부담을 미루지 않는 범위 안에서 과연 어떤 것이 가장 합리적인 해결 방안인지를 고민해야 한다.

67.
자원이란 무엇인가?

우리가 일상생활에서 필수품처럼 사용하는 스마트폰은 스피커, 액정, 카메라, 전지, 플라스틱 등으로 구성되어 있다. 스마트폰 안에 있는 내용물은 대부분 플라스틱이나 니켈·구리·금·주석·리튬 같은 금속으로 이루어져 있다. 플라스틱은 석유를 정제할 때 나오는 합성 수지를 이용해서 만든 것이며, 니켈·구리·금 등의 금속 자원은 땅속에 매장되어 있는 것을 가공 처리한 것이다. 이렇듯 스마트폰 하나를 만드는 데에도 여러 자원이 필요하다.

카메라: 니켈(Ni), 금(Au), 구리(Cu)
강화 플라스틱: 안티몬(Sb)
액정 장치: 인듐(In), 주석(Sn), 갈륨(Ga)
반도체: 바륨(Ba), 지르코늄(Zr), 탄탈(Ta), 은(Ag), 티탄(Ti)
배터리: 리튬(Li), 코발트(Co), 망간(Mn)

스마트폰 말고도 우리가 일상생활에서 사용하는 모든 물건의 원료는 자연에서 얻은 것이다.

이처럼 자연은 지구에 사는 인간들에게 엄청난 선물을 주고 있지만 자연 상태의 광물과 생물을 모두 자원이라고 하기는 어렵다. 예를 들어 우라

늄이 자원으로서의 가치를 인정받은 것은 그리 오래전의 일이 아니다. 옛날에는 자연에 있는 돌멩이 한 개에 불과했다. 그러나 사람들이 우라늄을 캘 수 있게 되었고, 그것을 이용해 많은 에너지를 만들어 내고 있다. 이렇듯 자연 상태에 있는 자원이라고 해도 기술적으로 개발이 가능해야만 하고, 기술적으로 개발할 수 있더라도 경제적으로 의미가 있을 때 자원으로서의 가치를 얻는다.

좁은 의미에서 자원은 석유·석탄·철광석 같은 지하자원과 쌀·밀·옥수수 같은 식량 자원 등을 포함한 천연자원을 뜻한다. 넓은 의미에서는 기술과 노동력 같은 인적 자원과 전통, 종교, 그리고 인간이 만든 다양한 제도나 관습 등의 문화적 자원까지 포함한다. 또한 자원은 재생 가능 여부에 따라 태양력·조력·풍력처럼 재생 가능한 자원과 석유·석탄·천연가스처럼 재생 불가능한 자원으로 구분된다. 석회석·고령토 같은 비금속 광물과 철

자연
기술적 의미의 자원
경제적 의미의 자원

자원의 종류

고갈 가능	사용함에 따라 고갈되는 재생 불가능한 자원		사용량과 투자 정도에 따라 재생 수준이 달라지는 자원			사용량과 관계없이 재생 가능한 자원	무한대로 재생 가능
	화석 연료	식물 동물 어류 삼림 토양	비금속 광물	금속 광물	대기 물	태양광 해양 에너지 수력 풍력	

(이희연, 경제 지리학, 2011)

광석·구리·주석 같은 금속 광물 등은 사용량과 투자 정도에 따라 재생 수준이 달라지는 대표적인 자원이다. 이처럼 자원은 그 의미와 쓰임, 그리고 재생 정도 등에 따라 다양하게 나뉜다.

국가 대표 팀 유니폼을 통해 보는 **자원의 의미 변화**

2010년 남아공 월드컵에서 16강에 진출한 대한민국 축구 국가 대표 팀의 유니폼은 모두 페트병을 이용해서 만들었다. 습기가 많고 매우 더운 남아프리카 공화국의 날씨 속에서 90분간 뛰어야 하는 선수들에게 좋은 유니폼은 경기력을 향상하는 데 필수적인 요소였다. 그래서 우리나라의 한 중소기업이 페트병을 재활용하여 기존의 유니폼보다 가볍고 땀을 빠르게 흡수할 뿐만 아니라 유니폼이 늘어지거나 찢어지지 않게끔 신축성을 높인 섬유를 개발했고, 이를 사용한 유니폼이 탄생한 것이다. 이처럼 오늘날에는 버려지는 물건이 자원으로 이용되기도 하는 등 자원의 의미가 더욱 넓어지고 있다.

68.
자원의 특징은 무엇일까?

전 세계 인구 약 75억 명 중에서 23억 명 이상이 스마트폰을 사용하고 있다. 특히 우리나라 스마트폰 사용자 비율은 90퍼센트를 넘어 세계 1위이다. 스마트폰은 통화 기능은 물론 사진 촬영, 음악 감상, 게임, 녹음, 텔레비전 시청 등에 사용할 수 있다. 그뿐만 아니라 인터넷에 접속할 수 있어 은행 업무, 비행기와 기차 예매 등을 비롯하여 각종 결제까지 언제 어디서라도 해결할 수 있다.

이런 스마트폰을 만들려면 여러 자원이 필요하지만 그중에서 가장 중요한 원료의 하나가 콜탄이라는 광물이다. 콜탄은 예전에는 그냥 회색 모래 정도의 하찮은 자원으로 여겨져 기껏해야 유리를 만드는 원료로 사용되었다. 그러나 콜탄을 정제하면 나오는 탄탈륨이 스마트폰의 회로와 배터리뿐 아니라 항공 우주·군수·의료 산업에 쓰이는 여러 부품에 필수적인 자원이 되면서 콜탄의 가치는 엄청나게 높아졌다(가변성).

그런데 콜탄은 어디서나 쉽게 구할 수 있는 흔한 자원이 아니다. 콜탄은 대부분 아프리카의 콩고 민주 공화국과 르완다, 그리고 남아메리카의 브라질, 아시아의 중국 등 특정 국가에 매장되어 있다(편재성). 1995년부터 콜탄의 수요가 꾸준히 증가하면서 가격도 많이 올라 2000년에는 국제 가격이 킬로그램당 30달러 수준이었는데, 지금은 60달러 수준이다. 이처럼 스마트폰과 각종 첨단 장비의 사용량이 늘어나면서 콜탄 생산량이 늘었고 가격은 급등했다. 그러나 콜탄의 매장량은 한정되어 있어 언젠가는 고갈될 것이다(유한성). 만약 콜탄이 지구에서 사라진다면 다른 자원을 활용하여 스마트폰을 만들지 않는 한 지금의 스마트폰은 없어지게 될 것이다.

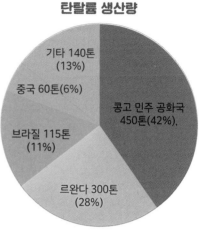

탄탈륨 생산량

기타 140톤 (13%)
중국 60톤(6%)
브라질 115톤 (11%)
르완다 300톤 (28%)
콩고 민주 공화국 450톤(42%)

(단위 톤, 자료: 미국 지질 조사국, 2016년)

콜탄의 경우처럼 많은 자원이 유한성, 편재성, 가변성이라는 특성을 띠고 있다. 우리가 사용하는 석유, 천연가스, 우라늄 같은 자원들은 매장량이 한정되어 있기 때문에 언젠가는 고갈된다. 실제로 석유의 가채 연수˚는 약 40년, 천연가스는 약 60년, 석탄은 약 230년, 철광석은 약 210년, 우라늄은 약 60년이라고 한다. 이제 몇몇 자원은 얼마 안 있어 지구상에서 볼 수 없을 것이다. 이러한 특징을 자원의 유한성이라고 한다.

한편 자원의 가치는 시대, 과학 기술의 발달 수준, 사회·문화적 차이 등에 따라 달라진다. 옛날에 석유는 횃불을 밝히거나 접착제로 쓰였을 뿐 인간 생활에 꼭 필요한 자원이 아니었지만 지금은 없어서는 안 될 중요한 자원이다. 이렇듯 자원의 가치는 항상 변화하는데 이런 특징을 자원의 가변성이라고 한다. 석유는 세계적으로 고루 분포하지 않고 일부 지역에 집중되어 있는데, 이런 특징은 자원의 편재성이라고 한다.

● **가채 연수**: 현재 확인된 매장량을 연평균 채굴량으로 나누어 앞으로 몇 년 동안 더 채굴할 수 있는지 나타낸 연수를 말한다. 가채 연수는 고정된 것이 아니라 자원을 이용하는 기술의 발달, 새로운 매장지 발견에 따라 더 늘어날 수도 있다.

69.
석탄은 어떻게 만들어지고 분포하며 소비되고 있을까?

1980년대까지도 학교 교실 한가운데에 연통이 달린 석탄 난로가 있었다. 매일 석탄을 배급받아 불을 피워 놓고 학생들은 자기의 양은 도시락을 난로 위 좋은 자리에 놓으려고 신경전을 벌이곤 했다. 점심을 급식으로 먹고 난방은 온풍기로 해결하고 있는 요즘 학생들은 상상하기 어려운 전설 같은 이야기이다. 그 무렵 우리나라에서는 집, 관공서, 기업 등 어디서나 석탄을 사용했다. 석탄 산업은 1970~1980년대 경제 발전을 이끄는 견인차 구실을 했다.

석탄은 고생대 이후 지각 변동으로 형성된 지역에 주로 매장되어 있다. 매장량도 많은 편이며, 분포하는 범위가 매우 넓고 중국·미국·인도·오스트레일리아 등에 많이 매장되어 있다. 수억 년 전 고생대에는 공기 중의 산소 농도가 지금보다 높았다. 물속에만 살던 식물이 땅으로 올라오면서 산소가 많아져 곤충을 비롯한 많은 생물들의 몸집이 커질 수 있었다. 그때 잠자리는 몸길이가 약 40센티미터였고, 1미터가 넘는 대형 잠자리도 있었다. 또 굵기가 약 1미터, 높이는 몇 미터가 넘는 고사리도 번성했다. 그러다 화산 폭발이나 지진, 침강, 침수와 같은 지각 변동이 일어나면서 수많은 식물이 땅속에 묻히게 되었다. 이 식물들이 지하에서 오랫동안 열과 압력을 받아서 식물 내부에 있던 수소와 산소가 빠져나가고 탄소만 남았는데, 이것이 바로 석탄이다.

석탄은 산업 혁명과 떼려야 뗄 수 없는 자원이다. 제임스 와트가 만든 증기 기관은 나무나 석탄을 때서 물을 끓일 때 나오는 수증기의 힘으로 피스톤을 움직여 기계를 작동시켰다. 증기 기관은 산업 혁명에서 큰 역할을

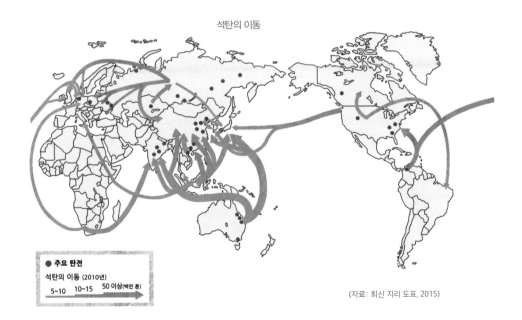

석탄의 이동

● 주요 탄전
석탄의 이동 (2010년)
5~10   10~15   50 이상(백만 톤)

(자료: 최신 지리 도표, 2015)

217

했기 때문에, 증기 기관의 주요 원료로 사용된 석탄은 그 후 가장 중요한 자원이 되었다. 그러나 석탄은 지하 깊은 곳에 매장되어 있어 채굴하고 운반하는 데 많은 어려움이 따랐고, 석탄을 태울 때 나오는 이산화탄소나 대기 오염 물질이 문제를 일으켜 사용하는 비중이 줄어들었다. 그런데 석탄을 사용하는 비중이 줄어들었다는 것은 산업화 과정에서 석유, 천연가스 같은 전체 에너지의 소비가 늘었기 때문이지 석탄 소비량 자체가 줄어든 것은 아니다. 여전히 석탄은 각종 산업에 필요한 에너지 자원이며, 발전용 연료와 제철 공업에 없어서는 안 될 중요한 자원이다.

미국 에너지 정보청(EIA)에 따르면 전 세계의 석탄 소비량은 2015년에 7조 7792억 톤이었는데 2030년에는 10조 5610톤으로 크게 증가할 것으로 예상된다고 한다. 이렇게 석탄 소비가 증가하는 이유는 석유 가격이 오르면서 상대적으로 석탄의 가격 경쟁력이 생겼기 때문이다.

최근 중국, 인도, 미국 등에서 전력 수요가 늘어나 자연스럽게 석탄 소비량이 증가하고 있다. 특히 세계에서 생산되는 석탄 중 약 70퍼센트를 중국과 인도 두 나라에서 사용하고 있다. 두 나라 모두 공업이 빠르게 발전하면서 늘어나는 전력 수요에 맞추기 위해 석탄 화력 발전소를 많이 만들었고, 그 밖의 산업용으로도 석탄을 많이 사용하기 때문이다. 2014년을 기준으로 전 세계의 화력 발전소 수는 약 1200개이며, 그중 중국에 약 450개, 인도에 약 360개가 있다고 한다.

석탄은 인간 생활에 없어서는 안 될 매우 중요한 자원이다. 석탄을 사용하지 않을 수는 없지만, 만약 지금처럼 사용량이 계속해서 늘어난다면 석탄은 조만간 고갈될 것이고 석탄 소비에 따른 환경 문제도 더욱 심각해질 것이다.

70.
석유와 천연가스는 어떻게 만들어지고 분포하며 소비되고 있을까?

　호모 오일리쿠스는 석유 없이는 단 하루도 살아갈 수 없는 현대인을 일컫는 말이다. 현대 사회를 유지하는 데 가장 중요한 자원이 석유라는 점에는 대부분 이의가 없을 것이다. 석유는 자동차를 움직이고 기계를 움직이는 데만 쓰이는 것이 아니라 온갖 물건을 만드는 데 쓰인다.

　－냉장고, 텔레비전, 세탁기, 전기밥솥 등 가전제품
　－지우개, 필통, 가방, 필기도구 등 학생용품
　－옷, 플라스틱, 자동차 타이어, 의약품, 화장품, 세제
　－비료, 농약, 베이킹 소다 등

　냉장고, 지우개, 세제, 샴푸, 화장품 등 우리 생활 속의 많은 물건이 석유 화학 제품들이다. 석유 화학 제품이란 석유에서 나온 물질에 여러 가지 처리를 해서 새로운 물건으로 만든 것이다. 우리는 석유로 세탁을 하고, 세수를 하며, 머리를 감고, 화장을 하는 셈이다.
　천연가스도 다양한 분야에 사용되고 있다. 천연가스는 사용하기 편리해 대부분 가정에서 음식을 하거나 난방을 할 때 쓰인다. 무엇보다 천연가스는 석유와 석탄에 비해 환경 오염 물질을 적게 배출하기 때문에 청정에너지원으로서 각종 산업과 수송용 에너지로 많이 사용되고 있다. 현재 우리나라에서는 대기 오염 문제를 해결하기 위한 방안으로 천연가스를 연료로 하는 버스를 장려하고 있으며, 시내버스 가운데 약 70퍼센트 이상이 천연가스를 연료로 사용하고 있다. 또 천연가스는 화력 발전에도 쓰이고, 석유처럼 각종 화학 제품의 원료로도 사용되는 주요 자원이다.

석유와 천연가스는 수억 년 전에 살았던 생물체의 사체가 바다 밑이나 호수 밑에 퇴적된 뒤 압력과 열을 받으며 오랜 세월 동안 변화하면서 만들어졌다. 이때 지하 깊은 곳의 빈 공간에 액체 상태로 있는 것이 석유, 기체 상태로 있는 것이 천연가스이다.

석유는 서남아시아의 페르시아만 연안에 전체 매장량의 약 60퍼센트가 분포하며, 북아프리카, 멕시코만 연안, 북해 연안, 카스피해 연안, 러시아, 미국, 중국 등에도 매장되어 있다. 천연가스의 분포 지역은 석유와 비슷하다. 천연가스 생산량이 가장 많은 나라는 미국과 러시아로, 두 나라의 생산량을 합치면 전 세계 천연가스 생산량의 약 40퍼센트나 된다.

한편 석유와 천연가스는 생산 지역과 소비 지역이 일치하지 않는 대표적인 에너지 자원이기도 하다. 석유와 천연가스의 소비가 많은 지역은 에너지 소비가 많고 산업이 발달한 산업 선진국이 대부분이며, 중국과 인도처럼 인구가 많은 나라들도 석유와 천연가스의 소비가 꾸준히 늘고 있다. 또한 석유와 천연가스가 거의 나지 않지만 산업이 발달한 한국·일본 등은 석유와 천연가스를 많이 소비하기 때문에 많은 양의 석유와 천연가스를 수입하고 있다.

나라별로 보면 미국과 중국이 석유와 천연가스를 가장 많이 소비하고 있다. 미국은 1인당 에너지 소비량이 세계에서 가장 많은 나라이다. 그리고 세계에서 인구가 가장 많은 중국은 에너지 소비량이 빠르게 증가하고 있다.

이처럼 석유와 천연가스는 주요 생산지와 소비지가 서로 다르기 때문에 국제적 이동이 많으며, 이 자원들을 차지하려고 세계 곳곳에서 국제적 갈등과 분쟁이 벌어지고 있다.

석유의 이동

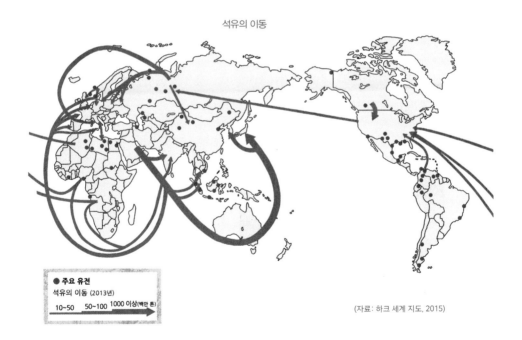

● 주요 유전
석유의 이동 (2013년)
10~50　　50~100　1000 이상(백만 톤)

(자료: 하크 세계 지도, 2015)

71.
주요 에너지 자원의 분포와 소비에 따른 문제에는 어떤 것이 있을까?

　서남아시아와 북아프리카 등의 산유국은 석유 매장량이 많았음에도 큰 이익을 볼 수 없었다. 주요 선진국의 석유 회사들이 유전 탐사와 개발, 채굴, 정유, 수송, 판매 등 모든 분야에서 권리를 쥐고 간섭했기 때문이다.

　그러다가 1973년 이스라엘과 팔레스타인 사이에 벌어진 제4차 중동 전쟁과 1979년 이란에서 일어난 혁명을 계기로 석유 가격이 폭등했다. 그 뒤로 중동 지역 나라들은 비싸진 석유를 무기화하는 자원 민족주의를 내세우기 시작했다. 중동 전쟁 때 미국과 그 우방들이 이스라엘을 지지한 탓에 전쟁에서 패한 중동 여러 나라에서는 반미 정서가 싹텄으며, 이는 미국과 그 우방국에 대한 석유 수출 중단으로 이어졌다.

1979년 석유를 사기 위해 시민들이 길게 줄을 서 있는 모습이다.

산유국들이 모여서 만든 석유 수출국 기구(OPEC)가 석유 가격을 올리면서 생산량을 줄이자, 치솟는 석유 가격에 세계 경제는 불황의 늪으로 빠져들었다. 특히 석유가 한 방울도 나지 않는 우리나라는 다른 나라들보다 상대적으로 더 큰 어려움에 빠졌는데, 그 결과 1979년에는 물가가 무려 44퍼센트나 뛰었다.

에너지 자원은 현대 사회를 지탱하는 주요한 자원이지만 유한하고 편재되어 있다. 각 국가들은 경제 발전과 더불어 에너지 소비량이 증가함에 따라 자원을 확보하기 위해 혼신의 노력을 다하고 있다. 그러나 에너지 자원을 확보하는 과정에서 국가 간, 지역 간 갈등이 심각해지고 있으며, 정치적·외교적 갈등을 넘어 분쟁으로 치닫기도 한다. 예를 들어 남중국해에 매장된 석유와 천연가스를 둘러싸고 중국·베트남·필리핀 등이 날카롭게 신경전을 벌이고, 카스피해에 매장된 엄청난 양의 석유와 천연가스를 두고 러시아·이란·카자흐스탄 등이 갈등을 겪고 있다.

산업 혁명 이후 전 세계의 에너지 소비는 급속도로 늘어났다. 선진국의 1인당 에너지 소비량은 개발 도상국보다 월등히 높은 게 사실이지만, 일부 개발 도상국에서도 공업화로 석유·석탄·천연가스 같은 주요 에너지 자원의 사용량이 증가하고 있다.

이에 따라 이산화탄소와 각종 대기 오염 물질의 배출량이 크게 늘어 여러 가지 환경 문제가 나타나고 있다. 특히 석유 같은 화석 연료를 사용하면 대기 중의 이산화탄소 농도가 높아지는데, 이산화탄소는 대표적인 온실가스로 지구 온난화의 주범이다. 온실 효과로 지구의 평균 기온이 올라가면 기후 변화, 해수면 상승, 식량 부족, 생물 종의 파괴 등 여러 가지 문제가 일어난다.

해수면 상승으로 고통받는 나라 중에 투발루가 있다. 남태평양에 자리 잡은 아름다운 섬나라 투발루는 2013년 국가 위기를 선포하고 주변 국가로 이민을 가는 기후 난민의 길을 선택했다. 평균 해발 고도가 2미터 미만인 투발루는 1993년부터 해수면이 계속 상승하여 9개의 섬 중 2개의 섬이 물속에 잠겼다. 이대로라면 몇십 년 뒤 투발루는 바닷속으로 사라지게 될지도 모른다. 투발루는 1인당 이산화탄소 배출량이 1년에 겨우 0.46톤으로, 미국·중국·캐나다 등 선진국과 개발 도상국들이 배출하는 이산화탄소량에 견주어 볼 때 아주 적은 수준이다. 선진국과 일부 개발 도상국들이 개발과 편리를 위해 에너지를 마구 사용한 대가를 엉뚱하게도 수천 킬로미터 떨어진 섬나라 투발루 사람들이 치르고 있는 셈이다.

72.
신·재생 에너지는 무엇이며 신·재생 에너지 개발이 필요한 이유는 무엇일까?

울돌목, 전라남도

울돌목은 전라남도 해남군과 진도군 사이에 있는 해협으로, '바다가 우는 길목'이라 하여 한자로는 명량(鳴梁)이라고 한다. 바로 이 명량 해협에서 이순신 장군은 빠른 물살을 이용해 12척의 배로 330척이나 되는 왜군의 배를 물리쳤다. 명량 해협의 폭은 300미터 정도에 불과하며, 썰물과 밀물 때의 유속이 동양에서 가장 빠르다.

2009년 우리나라는 아시아 최초로 이 해협에 주민 400명이 1년 동안 사용할 수 있는 전기를 생산하는 조류 발전소를 완공했다. 조류 발전은 강한 조류가 발생하는 해역의 수로에 조류 발전용 수차를 설치해서 조류의 운동 에너지를 전기 에너지로 변환하는 발전 방식이다.

현재 우리나라는 전체 에너지 소비량의 95퍼센트 이상을 화석 연료에 의존하고 있기 때문에 화석 연료 값이 오르면 경제적으로 큰 타격을 받는다. 또한 화석 연료는 언젠가는 고갈될 것이며 환경에도 악영향을 주기 때문에 미래 에너지원인 신·재생 에너지의 개발과 보급에 힘쓰고 있다.

신·재생 에너지란 화석 연료를 변환하여 사용하는 신에너지와 햇빛, 물, 지열, 강수, 생물의 유기체 따위를 활용하여 얻는 재생 에너지를 통틀어 일컫는 용어이다. 신·재생 에너지는 아직까지는 에너지 효용이 떨어져 실용성이 적다는 단점이 있지만, 고갈되지 않고 꾸준히 사용할 수 있으며 온실가스도 거의 배출하지 않는다는 장점이 있다. 그래서 많은 나라들이 신·재생 에너지에 높은 관심을 보이고 있다.

최근 우리나라도 신·재생 에너지에 관심이 높다. 우리나라는 해양 에너지(조류·조력·파력 발전), 풍력, 태양 에너지를 활용한 순환 에너지뿐 아니라 생물체를 활용한 바이오 에너지 개발에 많은 노력을 기울이고 있다.

현재 우리나라에서는 제주도, 강원도, 경상북도, 그리고 전라북도 새만금 간척지처럼 바람이 많이 부는 지역에 풍력 발전기를 설치하고, 일사량이 풍부한 전라남도 지역에서는 태양 에너지를 활용한 발전을 많이 운영

● **조력 발전**: 밀물과 썰물의 차가 크게 나는 큰 하구나 만에 방조제를 설치하고, 바닷물이 가장 높이 올라오는 만조(밀물) 때 물을 가두었다가 간조(썰물) 때 물을 배출하며 그 힘을 이용해 발전기를 돌리는 방식.
● **파력 발전**: 파랑의 운동 에너지와 위치 에너지를 기계적 에너지로 1차 변환하고, 기계적 에너지를 전기 에너지로 2차 변환하는 발전 방식.

하고 있다. 또한 조수 간만의 차가 큰 서해안에는 조력 발전이, 조류가 빠른 남해안에서는 조류 발전이 이루어지고 있다.

바이오 에너지란 무엇일까? 🐦

바이오 에너지는 살아 있는 생물체로부터 얻는 에너지를 말한다. 나무를 땔감으로 쓰기도 하고, 식물에서 기름을 추출해 액체 연료로 만들기도 하고, 동물의 분뇨나 음식물 쓰레기가 부패할 때 나오는 가스를 사용하기도 하는데, 이런 모든 것이 바이오 에너지이다. 동식물의 에너지를 이용하면 자연에 해를 주지 않고 환경을 깨끗하게 유지할 수 있다. 특히 쓰레기 매립지에서 나오는 가스를 원료로 발전 설비를 가동하는 것은 전력을 생산하면서도 매립지 주변의 환경 오염을 줄일 수 있어 많은 지역에서 각광받고 있디.

73.
지속 가능한 발전을 위해
우리는 어떤 노력을 해야 할까?

2015년 유엔 기후 변화 협약 당사국 총회. 프랑스 파리

2015년 12월 프랑스 파리에서 195개국이 참여한 가운데 열린 기후 변화 협약 총회에서는 2020년 이후 새로운 기후 변화 체제를 수립하기 위한 최종 합의문을 채택했다. 이 합의문에는 지구의 평균 기온을 지금보다 1.5℃ 낮추기 위해 이산화탄소 배출량을 사실상 '0'으로 만들자는 내용이 포함되었다. 이제는 전 세계가 지속 가능한 발전을 위해 힘을 모아야 한다는 사실을 인정한 것이다.

우리나라 지속 가능 위원회에서는 지속 가능한 발전을 위해 소비자의 실천이 왜 중요한지 다음과 같이 말하고 있다.

"우리가 매일 사용하는 휴대 전화, 노트북, 옷, 가방, 자동차 등은 자원과 기술, 유통 시스템과 인력이 합쳐진 결과물이다. 이러한 물건들은 자원을 소모하고 폐기물을 발생시키기 때문에 환경과 직접적인 관련이 있다. 원자재와 완성품을 사고파는 과정은 곧 경제 활동이 된다. 그뿐만 아니라 이 과정에 참여하는 노동자와 기업가, 생산자와 판매자, 그리고 소비자의 관계도 사람들의 주요한 관심 대상이 된다. 결국 소비는 환경, 경제, 사회와 하나의 생물처럼 연결된다. 따라서 환경, 경제, 사회의 균형적인 발전을 고려해 지속 가능 발전을 실천하려는 노력은 소비에서 적극적으로 시작될 수 있다. 소비자의 실천이 중요한 이유이다."

지속 가능한 발전이라는 말은 1970년대에 처음으로 등장했다. 지속 가능한 발전은 '미래 세대가 그들의 필요를 충족할 수 있는 가능성을 손상하지 않는 범위에서 현재 세대의 필요를 충족하는 발전'을 말한다. 당시에는 사회를 유지하기 위해 경제 개발은 필요하지만, 이에 따른 환경 파괴를 최소화해야 한다는 점을 강조했다. 그러나 최근에는 환경 보존과 경제 개발의 조화를 넘어 사회적 형평성, 즉 사회적으로 불리한 처지에 있는 계층을 먼저 배려해야 한다는 것까지 포함하여 그 의미가 확대되었다.

지속 가능한 발전을 실현하려면 지구 온난화, 전쟁과 분쟁, 식량 부족과 기아, 국가 간 불평등, 지속 가능한 경제 성장 같은 문제에 대해 개인과 국가, 국제 사회의 노력도 함께 이루어져야 한다.

먼저 먹을거리, 에너지, 자원 순환, 교통 등 다양한 분야에서 개인과 가정의 의식 변화와 실천 노력이 뒷받침되어야 지속 가능한 사회와 환경을 만들 수 있다. 쓰레기를 함부로 버리거나 전기를 아끼지 않고 낭비한다면 지속 가능한 발전은 어려울 것이다. 나부터 대중교통을 이용하고 분리수거를 생활화하며 에너지를 아끼는 습관을 기르는 것이 지속 가능한 사회를 만드는 첫걸음이다.

각 나라 정부는 홍보와 교육을 통해 지속 가능한 발전의 필요성을 국민에게 알려 국민의 의식 수준을 높여야 한다. 그리고 화석 연료의 사용량을 줄이고 신·재생 에너지의 사용을 늘릴 수 있도록 법과 제도를 정비해야 한다. 나아가 정부는 경제 성장, 사회 안정과 통합, 그리고 환경 보전이 균형을 이룰 수 있도록 다양한 정책을 마련해야 한다.

우리나라의 제3차(2016~2035) 지속 가능 발전 기본 계획
(2016년 1월 발표)

비전	환경·사회·경제의 조화로운 발전

	1. 건강한 국토 환경	2. 통합된 안심 사회
4대 목표	• 고품질 환경 서비스 확보 • 생태계 서비스의 가치 확대 • 깨끗한 물 이용 보장과 효율적 관리	• 사회 계층 간 통합과 양성평등 촉진 • 지역 간 격차 해소 • 예방적 건강 서비스 강화 • 안전 관리 기반 확충
14개 전략	3. 포용적 혁신 경제	4. 글로벌 책임 국가
50개 이행 과제	• 포용적 성장과 양질의 일자리 확대 • 친환경 순환 경제 정착 • 지속 가능하고 안전한 에너지 체계 구축	• 2030 지속 가능 발전 의제 파트너십 강화 • 기후 변화에 능동적으로 대응 • 동북아 환경 협력 강화

지속 가능 발전 이행 기반 강화

이와 관련하여 우리나라에서는 공공 기관이 신축, 증축 또는 개축하는 1000제곱미터 이상의 건축물에 대하여 신·재생 에너지 공급 비율을 21퍼센트로 의무화하는 제도를 실시하고 있으며, 2020년 이후에는 이를 30퍼센트로 늘릴 예정이다. 또한 국제 연합의 지속 가능 발전 목표(SDGs)를 국내 여건에 맞게 반영함과 동시에 국가의 지속 가능성 평가 결과에서 나온 취약 분야와 전문가 진단에 따른 위협 요인을 분석하여, 환경·사회·경제 각 부문 간 통합적인 정책을 마련하고자 노력하고 있다.

마지막으로 지구 온난화와 같은 환경 문제는 한 나라의 노력만으로는 해결하기 어렵기 때문에 여러 나라가 국제적으로 연대하여 해결할 수밖에 없다. 환경 문제뿐만 아니라 지구촌 곳곳에서 벌어지고 있는 국제적 분쟁, 인권, 교육 등의 문제들도 마찬가지다. 한 나라만의 문제로 바라보지 말고 국제 연합을 비롯하여 다양한 국제기구와 비정부 기구들이 함께 풀어 나갈 수 있도록 도와야 한다. 이처럼 지속 가능한 발전을 위해서는 개인과 가정, 정부는 물론 국제적인 연대를 통한 적극적인 노력과 실천이 이루어져야 한다.

74.
미래 사회 ①
국가 간 정치·경제 문제의 갈등과 협력은
우리의 미래를 어떻게 바꿀까?

인류의 미래를 다룬 영화들을 보면 인간이 기계의 지배를 받는다거나, 핵전쟁 이후 지구에 빙하기가 찾아오고, 인간의 욕심 때문에 생태계의 질서가 무너지면서 좀비 같은 괴물이 등장하는 등 암울한 내용들이 많다. 그 이유는 뭘까? 미래는 불확실하고 그에 대한 인간의 대응도 미비하다고 생각하기 때문이 아닐까?

인류의 긴 역사 동안 정치·경제의 변화를 예측하고 잘 적응한 나라들은 시련을 견디며 미래에 대비했기 때문에 잘살고 있지만 그렇지 못한 나라들은 여러 가지 어려움에 놓여 있다. 미래를 좀 더 나은 세상으로 만들려면 과거와 현재에 일어난 많은 사건과 현상을 끊임없이 탐구하여 다가올 미래를 잘 예측할 필요가 있다.

그렇다면 우리의 미래는 과연 어떨까? 학자마다 견해는 다르지만 미래 사회는 지금보다 더 빠르게 변화하고 정치·경제·문화 등 모든 분야에서 국가 간 교류가 확대될 것이라는 전망이 우세하다. 그렇게 되면 지역 간, 국가 간 영향력이 커지고 협력을 바탕으로 서로 발전하게 되리라는 낙관적인 전망도 있다. 반대로 지역 간, 국가 간 경제 격차가 커지고 문화적 갈등이 심화하며 정치적으로도 지금보다 불안정해질 수 있다는 비관적인 전망도 있다.

1920년대에 미국의 주가는 계속 오르고 경기는 호황을 누렸지만, 1929년 10월 24일 대공황으로 미국 경제는 한순간에 침체되었다. 1932년 미국의 실업자는 약 1200만 명으로 늘었고, 14만 개의 기업이 문을 닫았다. 대공황 직전 미국의 국내 총생산(GDP)은 1040억 달러였으나 1932년에는 580억 달러로 반 토막이 나고 말았다. 식료품조차 살 수 없는 것을 비관하여 자살하는 사람들이 속출하고 거리는 부랑자들로 북적였다. 소득이 없으니 소비는 점점 줄어들었고, 기업들은 생산을 늘리기가 힘들어지자 노동자들을 해고했다.

당시 세계 경제를 주도했던 미국의 경제 상황이 악화하자 대공황의 여파는 곧 전 세계로 퍼졌다. 특히 대공황의 영향을 직접적으로 받은 영국, 프랑스 등 유럽의 기업들도 줄줄이 도산했다. 실업자들이 넘쳐나자 이번에는 나라들마다 자국의 산업과 경제를 보호하겠다며 보호주의 장벽을 세웠다. 이는 마침내 국가들 사이에 마찰을 낳았으며, 5000만 명의 사상자를 낸 2차 세계 대전이 일어나는 하나의 원인이 되었다. 경제 위기를 협력과 공존의 방법으로 해결하지 못하고 갈등을 야기하다가 결국 전쟁이라는 극단적인 선택을 함으로써 인류가 큰 고통을 겪게 된 것이다. 그때 각 나라들이 자국의 이익만을 추구하지 않고 모두 함께 살아갈 수 있는 방법을 선택하기 위해 서로 협력했다면 어땠을까?

유럽은 두 차례의 세계 대전으로 분열된 이 지역을 결속하고 정치·경제·사회의 통합을 위해 유럽 연합을 만들었다. 유럽 연합은 회원국 사이의 거래 규모가 늘어나고 경제가 꾸준히 성장하고 있으며, 통화를 유로화로 단일화하면서 경제적인 통합을 추진하고 있다. 또 하나의 유럽이라는 기치 아래 유럽의 여러 나라를 정치적으로 통합하기 위해서도 계속 노력하고 있다.

그러나 그리스의 국가 재정 파산에서 확인된 것처럼 유럽 연합 내에서도 경제적으로 위상이 높은 나라와 그렇지 못한 나라 사이의 경제적 갈등이 지금도 이어지고 있고, 전쟁이나 분쟁을 피해 유럽으로 흘러드는 난민들을 바라보는 시각의 차이, 동유럽 국가들의 경제적 이해관계와 문화적 차이 때문에 갈등이 심해지고 있다. 이런 상황에서 2016년 영국의 유럽 연합 탈퇴, 즉 브렉시트(BREXIT)가 현실화되어 통합은 더욱 어려움을 겪고 있다. 앞으로 국가 간 경제 마찰, 소득 불균형 문제, 이민자 문제 등으로 국가 간 갈등은 더 커질 가능성이 높다.

2008년 금융 위기 이후 세계 경제는 성장이 둔해지고 미래에 대한 전망 또한 어두워지고 있다. 각 나라는 자국의 산업을 보호한다는 명분 아래 수입 물품에 높은 관세를 매기는 보호 무역주의로 돌아가려는 움직임을 보이고 있다. 더구나 미국 대통령으로 트럼프가 당선되면서 보호 무역 추세는 더욱 강화될 전망이다. 미국 우선주의와 보호주의로 무장한 트럼프의 등장으로 중국에 대한 무역 보복, 미국에 불리한 무역 협정 재협상 등이 진행되면 세계 경제는 더욱 불확실해질 것이고, 정치적 불안은 더욱 심해질 것이다.

그러나 인류의 역사에서는 정치·경제적 갈등이 발생할 때마다 이를 해결하기 위한 노력과 협력도 이어져 왔

트럼프 미국 대통령은 미국 우선주의와 보호주의를 내세우고 있다.

다. 예컨대 국제 연합은 1, 2차 세계 대전을 거치면서 다시는 이런 참혹한 역사를 반복하지 않겠다는 생각이 모여 탄생한 것으로, 그 뒤로는 세계 여러 나라들의 정치적인 문제와 갈등을 국제 연합을 통해 해결하기 위해 노력하고 협력하고 있다. 이를테면 세계 분쟁 지역의 안전과 평화를 위해 유엔 평화 유지군을 파견하고, 전쟁으로 파괴된 지역의 경제 부흥과 저개발 지역의 개발을 위해 국제 부흥 개발 은행을 만들어 경제적인 도움이 필요한 지역을 지원하고 있다.

전차가감(前車可鑑)이라는 사자성어가 있다. 앞서간 수레의 실수를 거울로 삼으라는 말이다. 인류는 이미 수많은 실수를 반복해 왔으며 앞으로도 그런 실수를 반복할지 모른다. 그런데 과거의 실수보다 앞으로 우리가 실수했을 때 입을 피해가 상상을 초월할 수도 있다. 미래에 대한 준비를 강조한 앨빈 토플러는 "미래에는 지금 우리가 상상하지도 못할 엄청난 일들이 벌어질 것이다."라고 예측했다. 우리는 과거와 현재를 거울 삼아 미래 사회의 모습을 여러 각도에서 예측하고 준비해야 할 것이다. 그래야 안정적인 미래를 맞이할 수 있기 때문이다.

75.
미래 사회 ②
과학 기술의 발전에 따라 공간과 삶의 모습은 어떻게 변화할까?

2018년에 태어난 아이가 살아갈 미래에는 운전 면허증이 필요 없을 수도 있다. 벌써 여러 기업에서 무인 자동차를 개발했고 곧 상용화할 것이기 때문이다. 무인 자동차로 유명해진 미국의 우버 테크놀로지스는 날아다니는 자동차인 '플라잉 카' 개발에 착수했으며, 중국의 무인 항공기 제조사 이항은 1인용 드론 '이항184'를 개발하여 자동 비행 드론 택시로 시험 비행을 했다. '하늘을 나는 자동차' 시대가 현실로 다가오고 있는 셈이다.

또한 미래에는 손바닥이나 팔 같은 신체에 내장된 휴대 전화로 전화를 걸고, 투명 스크린을 통해 언제 어디서나 다양한 정보를 받아 볼 수 있게

영화 〈마이너리티 리포트〉에서 주인공이 제스처 인터페이스로 정보를 검색하고 있다.

될 것이다. 영화 〈마이너리티 리포트〉에는 주인공이 허공이나 3D 홀로그램에서 맨손을 움직여 정보를 찾는 장면이 나온다. '제스처 인터페이스'라고 하는 이 기술은 실제로 개발이 끝났다. 사람의 손동작이나 몸동작을 컴퓨터와의 인터랙션*에 적용한 이 기술은 이미 게임, 사교, 전문 애플리케이션 등을 통해 접할 수 있다. 그리고 여러 가지 스마트 기기들은 내 몸의 유전자와 세포 등 각종 정보를 분석해 진단까지 내려주고, 사람이 아닌 로봇이 직접 시술과 수술을 해 줄 것이다. 더 나아가 3D 프린터로 생체 조직까지 재생할 수 있을지도 모른다고 한다.

수천 년에 걸친 인간의 역사 속에서 이루어진 수많은 기술 발달보다 앞으로 20~30년 동안 과학 기술의 발달이 가져올 변화는 상상 이상의 세상을 만들 것이다.

과학 기술의 발달은 벌써 인간의 생활 공간을 지역과 국가를 넘어 세계로 넓혀 놓았다. 최근에는 가상 현실이라는 새로운 패러다임이 도입되어 삶의 공간 개념이 확대되고 있다. 이제는 가상의 공간에서 사람들끼리 만날 수 있도록 도와주는 기술, 물리적으로 서로 다른 공간에 있는 사람들이 가상 공간에 모여 함께 셀카를 찍는 기술 등이 개발되었다고 하니, 가상의 공간에서 데이트하는 날도 멀지 않은 듯하다.

그러나 과학 기술의 발달이 미래 사회에 부정적인 영향을 줄 것이라는 전망도 또한 만만치 않다. 정보·통신 기술이 발달하면서 인터넷을 통한 개인 정보 유출 사고가 점점 늘어나고, 사이버상에서 발생하는 사기나 폭력 때문에 피해를 당하는 사례도 증가하고 있다. 실제로 우리 주변에는 인

● 인터랙션(Interaction): 인간과 디지털 기기 사이의 상호 작용을 토대로 한 기술을 뜻한다.

터넷 정보를 믿고 돈을 입금했다가 낭패를 본 사람이 꽤 많다. 2016년 우리나라에서 발생한 사이버 범죄는 15만 건이 넘으며, 그 수법도 점점 교묘해지고 있다.

또한 과학 기술의 발달은 생명 복제, 장기 이식 같은 생명 윤리의 문제를 낳기도 한다. 특히 생명 복제는 생명의 존엄성과 자연의 고유한 질서를 해칠 수도 있다는 우려의 목소리가 높다.

이와 같은 문제가 미래 사회에서 어떤 모습으로 나타날지는 아무도 모른다. 단순히 과학 기술의 발달로 제조업이 쇠퇴하고 일자리가 줄어들게 되리라는 전망보다 더 암울한 사회가 될 수도 있다. 더욱이 고도의 스마트 시스템으로 연결될 미래 사회에서 정교한 과학기술 장치들은 인간 생활에 편리함을 안겨 주겠지만, 그 복잡성 때문에 오히려 엄청난 재앙을 불러올지도 모른다. 작은 불씨 하나가 엄청난 규모의 삼림을 파괴하는 것처럼, 과학 기술의 오류 하나가 인간 생활에 재앙을 던져 줄 수도 있다는 뜻이다.

2017년 제47회 세계 경제 포럼(WEF)에서 세계는 4차 산업 혁명의 시대로 빠르게 들어서 있으며 미래 변화에 대비해야 한다고 강조했다. 4차 산업 혁명이란 정보·통신 기술의 융합으로 이루어 낸 혁명을 말하는데, 사물 인터넷(IoT), 모바일, 인공 지능(AI), 가상 현실(VR), 나노 기술 등이 결합하여 경제와 산업 등 모든 분야에 영향을 끼치는 것을 의미한다. 4차 산업혁명은 정보 통신 기술을 토대로 이전에는 서로 단절되어 있던 분야들 사이의 융합·복합을 통해 서로의 경계를 넘어 영향을 주면서 사회·경제 차원에서 다양한 혁신적 변화를 가져올 것이다.

2016년 12월, 미국 시애틀에 있는 아마존 본사 1층에는 세계 최초로 계산대와 계산원이 없는 슈퍼마켓 '아마존 고(Go)'가 입점했다. 손님들은 스마트폰에서 '아마존 고 앱(응용 프로그램)'을 켜고 매장에 들어가 장바구니에 빵·우유·샌드위치 등 원하는 상품을 담은 뒤 그냥 매장을 나가도 된다. 매장 안에 설치된 카메라와 센서가 장바구니에 담기는 물건을 파악하여, 사람들이 매장을 나설 때 앱에 등록된 신용 카드로 자동 결제가 되는 방식이다. 이제 계산대 앞에 길게 줄을 서서 기다릴 필요가 없어진 것이다.

　질병 예방의 선두 주자로 유명한 세계적인 바이오 벤처 '눔'은 인공 지능과 빅 데이터를 적용하여 뉴욕 사무실에서 전 세계 150개국 회원 5000만 명의 생체 정보 15억 건을 데이터베이스로 관리하고 있다. 사람들이 눔의 앱을 탑재한 스마트폰을 주머니에 넣고 움직이면 활동량 데이터가 뉴욕 본사로 자동으로 전송된다.

여기에 각자 그날 먹은 식단과 체중 기록을 더해 주면 건강 차트가 자동으로 작성되면서 개인의 건강을 관리해 준다.

아마존 고 사용법

1. 아마존 고 앱을 켜고 QR 코드를 스캐너로 인증한 뒤 매장에 들어간다.

2. 물건을 고르면 선반에 설치된 인공 지능 카메라가 물건의 움직임을 파악해 가상 카트에 물건을 추가한다.

3. 선택한 상품을 장바구니에 넣고 바로 매장을 나간다. 앱에 사전 입력된 신용 카드 정보로 상품 금액이 결제된다.

이처럼 4차 산업 혁명은 일상생활 속에서 현실이 되고 있다. 앞으로 4차 산업혁명은 개인의 소비 형태부터 전체 산업의 생산과 분배에 이르기까지, 그리고 인류의 경제, 정치, 사회, 문화, 생태 환경까지 완전히 변화시킬 것이라고 예상하고 있다.

과학 기술의 발달에 따라 변화할 공간과 인간 삶의 모습이 긍정적일지 부정적일지는 아무도 알 수 없다. 그러나 우리의 미래가 지금보다 안전하고 풍요로워지려면 우리는 변화하는 사회에 맞춰 더 능동적인 자세를 갖춰야 할 것이다.

산업 혁명 과정 비교

구분	1차 산업 혁명	2차 산업 혁명	3차 산업 혁명	4차 산업 혁명
시기	18세기 후반	20세기 초반	1970년대 이후	2020년 이후
혁신 부문	증기의 동력화	전력, 노동 분업	전자 기기, ICT 혁명	ICT와 제조업 융합
커뮤니케이션 방식	책, 신문 등	전화기, 텔레비전 등	인터넷, SNS 등	IoT, IoS
생산 방식	생산 기계화	대량 생산	부분 자동화	시뮬레이션을 통한 자동 생산
생산 통제	사람	사람	사람	기계 스스로

76.
미래 사회 ③

미래의 생태 환경은 어떤 모습일까?
삶의 모습은 어떻게 변화할까?

2014년에 개봉하여 우리나라에서만 1000만 명이 넘는 사람들이 관람한 영화 〈인터스텔라〉는 인간의 미래 모습을 담고 있다. 인간의 무분별한 생태 파괴로 모래폭풍과 사막화가 일어나 지구가 멸망 직전에 이르자 인간들이 제2의 지구를 찾아 나선다는 내용이다.

2015년에 개봉한 〈매드맥스-분노의 도로〉라는 영화 역시 핵전쟁으로 지구의 생태 환경이 나빠지면서 물 자원이 부족해지자 살아남은 인간들끼리 이를 차지하기 위해 싸우는 미래의 모습을 다루고 있다. 영화에서 보여주는 것처럼 생태 환경이 파괴되고 인간이 더는 살 수 없는 지구가 된다면 우리는 어떻게 해야 할까?

2017년 세계 경제 포럼에서는 전 세계에 가장 큰 위협을 주는 것으로 1위 기상 이변, 2위 난민 위기, 3위 자연재해를 꼽았다. 2016년 한 해만 해도 자연재

자연재해로 인한 손실 규모 (건, 십억 달러)

구분	발생 건수 (건)	전체 손실액 (십억 달러)
2016년	750	175
2015년	730	103
10년 평균 ('06~'15)	590	154
30년 평균 ('86~'15)	470	126

(자료: Munich Re)

해 건수는 총 750건으로 지난 10년 동안에 일어난 건수보다 약 1.3배 증가했으며, 전체 손실액도 1750억 달러로 약 70퍼센트가 늘었다. 최근 기상 이변과 자연재해의 증가는 지구 온난화와 관련이 깊다. 산업 혁명 무렵 지구의 평균기온은 약 13.5℃ 안팎이었는데, 지금은 약 15℃로 지구의 기온이 약 1.5℃ 상승했다. 지구 온난화에 따른 기후 변화는 무서운 자연재해로 이어져 수많은 난민을 만들고 있다.

유엔 국제 재해 경감 전략 기구(UNISDR)의 '기후 관련 재난의 인간 비용 1995~2015' 보고서에 따르면 지난 20년 동안 세계적으로 6457건의 태풍·홍수·가뭄·사막화 같은 기후 관련 재난이 발생했으며, 이 때문에 약 60만 6000명이 숨졌다고 한다. 해마다 평균 3만 명 정도가 기후 재난으로 사망하고 있으며, 다치거나 집을 잃어 도움의 손길이 필요한 사람은 무려 41억 명에 이른다고 한다. 또한 이로 인한 경제적 손실은 세계적으로 매년 300조 원 안팎으로 추정된다고 한다. 그런데 이러한 피해는 대부분 재난에 대비하는 시설이 부족한 가난한 개발 도상국에서 발생하고 있다. 그래서 자연재해로 생존에 위협을 받고 삶의 터전을 떠날 수밖에 없는 사람들이 늘고 있다.

77.
미래의 삶을 위해 우리는 어떤 준비를 해야 할까?

2015년 정부는 미래 사회에서 미래 세대에게 발생할 가능성과 영향력이 가장 높은 주제를 조사했다. 그중 점수가 가장 높은 것은 저출산·고령화 사회, 미래 세대 삶의 불안전성, 고용불안, 국가 간 환경 영향 증대, 사이버 범죄, 불평등 문제, 에너지와 자원 고갈, 기후 변화와 자연재해 등으로 나타났다.

그렇다면 우리는 이 문제들에 대해 잘 준비하고 있을까?

안타깝지만 우리 사회가 공동체로서 공감과 연대 의식을 바탕으로 타인을 배려하고 존경하며 미래를 잘 준비하고 있다고 말하기는 어렵다. 저출산 문제를 해결하려면 아이를 낳아야 한다고 말하지만, 고용이 불안하고 경제 양극화가 심해지는 상황에서 출산을 포기하는 사람들은 늘어만 가고 있다. 전 세계에서 가장 빠르게 고령화가 진행되고 있지만 노인들에 대한 근본 대책도 부족하다 보니 노인 빈곤율과 노인 자살률이 경제 개발 협력 기구 국가 중에서 매년 1, 2위를 차지한다. 매일같이 마스크를 쓰지 않으면 안 될 정도의 미세 먼지로 고통받고 있지만 기후 변화 대책은 미비하기 짝이 없다. 석유와 석탄, 천연가스 같은 화석 연료가 많이 부족한데도 세계적으로 화석 연료를 가장 많이 사용하는 나라 중 하나가 우리나

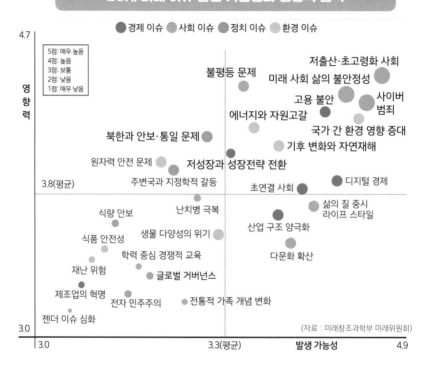

28개 미래 이슈 발생 가능성과 영향력 분석

● 경제 이슈　● 사회 이슈　● 정치 이슈　● 환경 이슈

영향력

4.7

5점: 매우 높음
4점: 높음
3점: 보통
2점: 낮음
1점: 매우 낮음

불평등 문제

저출산·초고령화 사회
미래 사회 삶의 불안정성

고용 불안
에너지와 자원고갈

사이버 범죄

국가 간 환경 영향 증대

북한과 안보·통일 문제
원자력 안전 문제

기후 변화와 자연재해

3.8(평균)

저성장과 성장전략 전환
주변국과 지정학적 갈등

초연결 사회

디지털 경제

식량 안보

식품 안전성

재난 위험

제조업의 혁명

젠더 이슈 심화

난치병 극복

생물 다양성의 위기

학력 중심 경쟁적 교육

글로벌 거버넌스

전자 민주주의

전통적 가족 개념 변화

산업 구조 양극화

삶의 질 중시
라이프 스타일

다문화 확산

(자료 : 미래창조과학부 미래위원회)

3.0

3.0

3.3(평균)

발생 가능성

4.9

라이다.

　지난 이명박 정부 시절에는 하천의 수질을 관리하고 홍수의 위험에서 국민을 보호한다는 명목으로 4대강 사업이 추진되었다. 정부 추산으로만 약 22조 원이 들어간 이 사업은 많은 국민과 시민 단체, 야당의 격렬한 반대에도 끝내 추진되었다. 그러나 현재 4대강의 수질은 4대강 사업을 실시하기 전보다 나빠졌고, 녹조 현상이 심해져 고기잡이로 먹고살던 사람들은 물론 일반인들까지 고통을 받고 있다.

그뿐만 아니라 우리나라의 빈부 격차는 날로 커지고 있다. 우리나라는 경제 개발 협력 기구 회원국 가운데 빈부 격차가 가장 심한 나라에 속한다. 청년층이 정규직 일자리를 얻기 어려워 30세 이하 노동자의 절반가량이 임시직으로 일하고 있고, 여성의 임금이 남성 임금보다 평균 37퍼센트 적은 데서 알 수 있듯 남녀 간 불평등도 심각하다.

우리의 미래 사회는 불확실하다. 이에 대비하려면 지금 우리가 맞이하고 있는 변화의 원인과 배경, 그리고 해결 과제까지 꼼꼼히 따져 볼 필요가 있다. 그리고 젊은 세대가 미래를 준비하기 위해 도전 의지를 품게 해야 한다.

그렇게 하려면 우리 사회는 지금보다 더 정의롭고 공평하며, 인간의 존엄성을 중시하는 사회가 되어야 한다. 인류 공통의 가치인 자유, 평등, 인간의 존엄성, 정의의 실현은 우리의 미래 사회를 밝게 할 수 있는 중요한 요소이기 때문이다.

나아가 우리나라뿐만 아니라 지구촌의 구성원으로서 연대 의식을 가지고 지구촌 문제에도 많은 관심을 기울여야 한다. 이제 전 세계는 서로 긴밀하게 연결되어 영향을 주고받고 있다. 따라서 우리는 세계를 하나의 공동체로 인식하고 나 자신이 지구촌의 한 구성원임을 자각해야 한다.

또한 미래 사회에서는 생태 환경의 큰 변화가 예상된다. 현재 지구의 생태 환경은 인간의 무분별한 개발로 파괴되고, 화석 연료의 지나친 사용으로 있다. 이러한 문제가 지금처럼 계속 이어진다면 인류는 생존하기 어려워질 수도 있다.

따라서 화석 연료 사용을 최소화하여 온실가스의 배출을 줄여야 하며, 신·재생 에너지의 개발과 보급을 늘려야 한다. 특히 최근의 환경 문제는 국가나 지역 수준을 넘어 전 지구적 차원에서 발생하기 때문에 국제적으로 협력해 생태 환경의 변화에 따른 문제를 해결해야 한다.

　나아가 지구촌의 지속 가능한 발전을 위해 전 지구적 차원의 순환 경제 등을 도입할 필요성이 높아지고 있다.

순환 경제란?

폐기물을 재활용해 천연자원의 소비를 줄이고 환경 오염을 최소화하는 경제 구조를 말한다. 소모된 제품을 버리지 않고 수리하거나 개선함으로써 자원을 순환적으로 사용하는 시스템이다. 희소 자원의 고갈을 막을 수 있는 자립적 경제 생태계로 평가받기도 한다. 최근에는 산업 발달과 경제 성장이 가져온 문제를 해결할 지속 가능한 경제 구조로 주목받고 있다.

참 고 문 헌

6단원
- 권경자 역해, 『내 인생에 힘이 되는 논어』, 소울메이트, 2015
- 네이버 블로그(sportfactory)
- 네틀쉽, 김안중·홍윤경 옮김, 『플라톤의 국가론 강의』, 교육과학사, 2011
- 단테, 허인 옮김, 『신곡』, 동서문화사, 2016.
- 로버트 노직, 남경희 옮김, 『아나키에서 유토피아로』, 문학과지성사, 1997
- 롤스, 황경식·이인탁·이민수·이한구·이종일 옮김, 『공정으로서의 정의』, 서광사, 2015
- 성백효 역주, 『논어집주』, 전통문화연구회, 2013
- 성백효 역주, 『맹자집주』, 전통문화연구회, 2013
- 아리스토텔레스, 강상진·김재홍·이창우 옮김, 『니코마코스윤리학』, 길, 2015
- 알레스데어 매킨타이어, 이진우 옮김, 『덕의 상실』, 문예출판사, 1997
- 월드비전(www.worldvision.or.kr)
- 플라톤, 박종현 역주, 『국가』, 서광사, 1997.
- 플라톤, 박종현 역주, 『에우티프론·소크라테스의 변론·크리톤·파이돈』, 서광사, 2003
- 한겨레신문, '양심적 병역거부 또 무죄, 검찰의 관행적 기소 돌아봐야' 2017. 7. 18

7단원
- 구정화, 『청소년을 위한 사회문화 에세이』, 해냄, 2014
- 박찬영, 엄정훈, 『세계지리를 보다』, 리베르, 2012
- 전국지리교사연합회, 『살아 있는 지리 교과서』, 휴머니스트, 2011
- 엄익란, 『할랄, 신이 허락한 음식만 먹는다』, 한울, 2011
- 권동희 외, 『세계지리』, 천재교육, 2013
- 최원회 외, 『세계지리』, 교학사, 2013

8단원
- 국민일보, '국경 없는 의사회, 김지민 활동가에게 의사의 길을 묻다', 2017. 4. 30
- 변순용 외, 『생활과 윤리』, 천재교육, 2014
- 손승철, 『조선통신사 일본과 통하다』, 동아시아, 2006
- 안병우 외, 『동아시아사』, 천재교육, 2014
- 역사학연구소, 『교실밖 국사여행』, 사계절, 2012
- 요한 갈퉁, 강종일 옮김, 『평화적 수단에 의한 평화』, 들녘, 2000
- 장하준, 『나쁜 사마리아인들』, 부키, 2007
- 통일교육원 연구개발과, 『2017 북한 이해』, 2017
- 통일교육원 연구개발과, 『2017 통일문제 이해』, 2017

9단원

♦ 전국지리교사모임, 『세계지리 세상과 통하다』, 사계절, 2014

♦ 박선미, 김희순, 『빈곤의 연대기』, 갈라파고스, 2015

♦ 조철기, 『종횡무진 세계지리』, 서해문집, 2017

♦ 앨런 와이즈먼, 이한음 옮김, 『인구 쇼크』, 알에이치코리아, 2015

♦ 한주성, 『인구지리학』, 한울, 2009